LES
AUTEURS LATINS

EXPLIQUÉS D'APRÈS UNE MÉTHODE NOUVELLE

PAR DEUX TRADUCTIONS FRANÇAISES

L'UNE LITTÉRALE ET JUXTALINÉAIRE PRÉSENTANT LE MOT A MOT FRANÇAIS
EN REGARD DES MOTS LATINS CORRESPONDANTS
L'AUTRE CORRECTE ET PRÉCÉDÉE DU TEXTE LATIN

avec des sommaires et des notes

PAR UNE SOCIÉTÉ DE PROFESSEURS

ET DE LATINISTES

VIRGILE

—

LE IIIᵉ LIVRE DES GÉORGIQUES

EXPLIQUÉ LITTÉRALEMENT
PAR M. SOMMER
TRADUIT EN FRANÇAIS ET ANNOTÉ
PAR M. A. DESPORTES

PARIS

LIBRAIRIE DE L. HACHETTE ET Cⁱᵉ

RUE PIERRE-SARRAZIN, Nᵒ 14

(Près de l'École de médecine)

—

LES

AUTEURS LATINS

EXPLIQUÉS D'APRÈS UNE MÉTHODE NOUVELLE

PAR DEUX TRADUCTIONS FRANÇAISES

Ce livre a été expliqué littéralement par M. Sommer, ancien élève de l'École Normale, traduit en français et annoté par M. Aug. Desportes, traducteur des Satires de Perse.

DE L'IMPRIMERIE DE CRAPELET, RUE DE VAUGIRARD, N° 9.

LES
AUTEURS LATINS

EXPLIQUÉS D'APRÈS UNE MÉTHODE NOUVELLE

PAR DEUX TRADUCTIONS FRANÇAISES

L'UNE LITTÉRALE ET JUXTALINÉAIRE PRÉSENTANT LE MOT A MOT FRANÇAIS
EN REGARD DES MOTS LATINS CORRESPONDANTS
L'AUTRE CORRECTE ET FIDÈLE PRÉCÉDÉE DU TEXTE LATIN

avec des sommaires et des notes

PAR UNE SOCIÉTÉ DE PROFESSEURS

ET DE LATINISTES

———

VIRGILE

TROISIÈME LIVRE DES GÉORGIQUES

———◆———

PARIS
LIBRAIRIE DE L. HACHETTE ET Cie
RUE PIERRE-SARRAZIN, N° 12
———
1846

AVIS.

On a réuni par des traits, dans la traduction juxtalinéaire, les mots français qui traduisent un seul mot latin.

On a imprimé en *italiques* les mots qu'il était nécessaire d'ajouter pour rendre intelligible la traduction littérale, et qui n'avaient pas leur équivalent dans le latin.

Enfin, les mots placés entre parenthèses dans le français doivent être considérés comme une seconde explication, plus intelligible que la version littérale.

ARGUMENT ANALYTIQUE.

Apostrophe aux divinités champêtres. Le poëte dédaigne les sujets vulgaires de poésie ; il veut entrer dans une voie nouvelle qui soit une source d'illustration pour sa patrie, 1-12. — Temple élevé à César par la reconnaissance de Virgile, 13-39. — Invocation à Mécène, 40-48. — Soins qu'il faut apporter dans le choix des génisses et des juments destinées à la multiplication de l'espèce; signes caractéristiques de la bonne race, 49-71. — Qualités exigées pour l'étalon, 72-138. — Soins dus aux mères pendant la gestation ; aux jeunes poulains ; leur première éducation, 139-208. — Empire de l'amour sur les animaux ; ses effets, 209-285. — Du menu troupeau. De la chèvre et de la brebis; des soins à leur donner dans l'étable; des pâturages qui leur conviennent, 286-338. — Vie des pasteurs libyens, 339-348. — Description de l'hiver en Scythie. 349-383. — Des laines, 384-393. — Du lait, 394-403. — Des chiens, 404-413. — Des reptiles dangereux pour les troupeaux; comment on les éloigne des étables. Le serpent de la Calabre, 414-439. — Maladies qui attaquent les troupeaux ; des remèdes à appliquer, 440 469. — Description de l'épizootie du Norique, 470-566.

GEORGICA.

LIBER III.

Te quoque, magna Pales, et te, memorande, canemus,
Pastor ab Amphryso[1], vos, silvæ amnesque Lycæi.
Cetera, quæ vacuas tenuissent carmine mentes,
Omnia jam vulgata : quis aut Eurysthea durum,
Aut illaudati nescit Busiridis aras?   5
Cui non dictus Hylas puer, et Latonia Delos?
Hippodameque, humeroque Pelops insignis eburno,
Acer equis? Tentanda via est, qua me quoque possim
Tollere humo, victorque virum volitare per ora[2].
Primus ego in patriam mecum, modo vita supersit,   10
Aonio rediens deducam vertice Musas;
Primus Idumæas referam tibi, Mantua, palmas;
Et viridi in campo templum de marmore ponam

Et toi aussi, vénérable Palès, et toi aussi, divin pasteur des bords
de l'Amphryse, et vous, bois et fleuves du mont Lycée, je vais vous
chanter. Tous les autres sujets de poésie qui pouvaient captiver les
esprits inoccupés sont maintenant épuisés. Qui ne connaît pas le
cruel Eurysthée ou les sanglants autels de l'infâme Busiris? Qui n'a
pas chanté le jeune Hylas, Latone et sa flottante Délos, Hippodamie, et Pélops, si célèbre par son épaule d'ivoire et par son
adresse à dompter les chevaux? Je veux, me frayant une route
nouvelle, élever mon essor au-dessus de la terre, et, triomphant à
mon tour, faire voler mon nom de bouche en bouche. Si le ciel pro-
longe mes jours, le premier, en revenant dans ma patrie, j'amènerai
avec moi les Muses des sommets de leur Hélicon; le premier, ô ma
chère Mantoue, je transporterai chez toi les palmes de l'Idumée; le
premier j'élèverai un temple de marbre au bord des eaux, dans tes

LES GÉORGIQUES.

LIVRE III.

Canemus te quoque, magna Pales, et te, memorande pastor ab Amphryso, vos, silvæ amnesque Lycæi. Cetera, quæ tenuissent carmine mentes vacuas, vulgata jam omnia : quis nescit aut durum Eurysthea, aut aras Busiridis illaudati ? Cui non dictus puer Hylas, et Delos Latonia ? Hippodameque, Pelopsque insignis humero eburno, acer equis ? Via est tentanda, qua possim tollere me quoque humo, victorque volitare per ora virum. Ego primus, modo vita supersit, rediens vertice Aonio deducam mecum Musas in patriam ; primus referam tibi, Mantua. palmas Idumæas ; et ponam templum de marmore in campo viridi

Nous chanterons toi aussi, grande Palès, et toi, célèbre pasteur d'Amphryse, vous *aussi*, bois et ruisseaux du-Lycée. Les autres *sujets*, qui auraient pu-occuper par le chant les esprits vides *de soucis*, *ont été* publiés déjà tous : qui ne-sait-pas ou le dur Eurysthée, ou les autels de Busiris non-loué (détesté)? A (par) qui n'*a* pas *été* dit (chanté) le jeune-garçon Hylas, et Délos *île* de-Latone ? et Hippodamie, et Pélops remarquable par *son* épaule d'-ivoire, actif par les chevaux (dans les exercices éques Une route est à-essayer, [tres/ par laquelle je puisse élever moi aussi de terre, et vainqueur voler par les bouches (occuper les récits) des hommes. Moi le premier, pourvu que la vie *me* dure, revenant du sommet (mont) d'-Aonie je ferai-descendre avec-moi les Muses dans *ma* patrie ; le premier je rapporterai à toi, Mantoue, les palmes d'-Idumée ; et j'établirai un temple *fait* de marbre dans la plaine verte

Propter aquam, tardis ingens ubi flexibus errat
Mincius, et tenera prætexit arundine ripas.　　　　　15
In medio mihi Cæsar erit, templumque tenebit.
Illi victor ego, et Tyrio conspectus in ostro,
Centum quadrijugos agitabo ad flumina currus.
Cuncta mihi, Alpheum linquens lucosque Molorchi,
Cursibus et crudo decernet Græcia cæstu.　　　　　20
Ipse, caput tonsæ foliis ornatus olivæ,　　　　　　　．
Dona feram. Jam nunc solennes ducere pompas
Ad delubra juvat, cæsosque videre juvencos;
Vel scena ut versis discedat frontibus ¹, utque
Purpurea intexti tollant aulæa Britanni ².　　　　　25
In foribus pugnam ex auro solidoque elephanto
Gangaridum faciam, victorisque arma Quirini ³ ;
Atque hic undantem bello magnumque fluentem
Nilum, ac navali surgentes ære columnas ⁴.
Addam urbes Asiæ domitas, pulsumque Niphaten ⁵,　　30
Fidentemque fuga Parthum versisque sagittis,

iches campagnes, où le Mincio erre en longs détours et couvre ses
ives de tendres roseaux. Au milieu du temple, je placerai César; il
en sera le dieu. Et moi, dans l'appareil des triomphateurs et revêtu
de la pourpre tyrienne, je ferai voler en son honneur, sur les bords
du fleuve, cent chars à quatre chevaux. A ma voix, toute la Grèce,
abandonnant les rives de l'Alphée et les bois sacrés de Molorchus,
viendra disputer dans ces jeux le prix de la course ou du ceste redoutable. C'est moi qui, le front ceint d'une branche d'olivier, décer-
nerai les récompenses aux vainqueurs. Déjà je me plais à conduire au
temple les pompes solennelles, déjà je vois les taureaux tomber sous
le fer sacré, déjà le théâtre m'apparaît avec ses décorations changean-
tes, déjà les captifs bretons y semblent dérouler les tapis de pourpre
où sont peintes leurs défaites. Sur les portes du temple, je ferai re-
présenter, en or et en ivoire, les combats livrés aux Gangarides, les
armes victorieuses de Quirinus. On y verra le Nil, roulant immense,
s'enfler sous le poids des flottes guerrières, et l'airain des vaisseaux
s'élever dans les airs en colonnes superbes. On y verra aussi les villes
de l'Asie domptées, le Niphate repoussé, le Parthe, qui met son es-
poir dans la fuite et dans ses flèches, qu'il retourne contre nous;

propter aquam,
ubi ingens Mincius errat
flexibus tardis,
et prætexit ripas
tenera arundine.
In medio
erit mihi Cæsar,
tenebitque templum.
Ego victor,
et conspectus
in ostro Tyrio,
agitabo illi ad flumina
centum currus
quadrijugos.
Cuncta Græcia,
linquens Alpheum
lucosque Molorchi,
decernet mihi cursibus
et cæstu crudo.
Ipse, ornatus caput
foliis olivæ tonsæ,
feram dona.
Jam nunc juvat
ducere ad delubra
pompas solennes,
videreque juvencos cæsos;
vel ut scena discedat
frontibus versis,
utque Britanni
intexti
tollant aulæa purpurea.
In foribus
faciam pugnam
Gangaridum
ex auro
elephantoque solido,
armaque Quirini victoris;
atque hic Nilum
undantem bello
fluentemque magnum,
ac columnas surgentes
ære navali.
Addam
urbes domitas Asiæ,
Niphatenque pulsum,
Parthumque fidentem fuga
sagittisque versis,

près-de l'eau,
là où le grand Mincio erre
avec des replis qui-*le*-retardent (lents),
et borde *ses* rives
d'un tendre roseau.
Au milieu-de *l'édifice*
sera à moi César,
et il occupera le temple
Moi vainqueur,
et remarquable
dans (sous) une pourpre de-Tyr,
je conduirai pour lui près du fleuve
cent chars
attelés-de-quatre-chevaux.
Toute la Grèce,
quittant l'Alphée
et les bois de Molorchus,
luttera pour moi à la course
et au ceste *de-cuir*-cru.
Moi-même, orné à la tête
de feuilles d'olivier taillé,
j'apporterai des dons (donnerai des prix).
Déjà maintenant il *me* plaît
de conduire vers le temple
des pompes (processions) solennelles,
et de voir les jeunes-taureaux immolés;
ou-bien comment la scène s'éloigne
le front (le devant) étant retourné,
et comment les Bretons
tissés (brodés)-sur *la toile*
lèvent le rideau de-pourpre.
Sur les portes
je ferai (représenterai) le combat
des Gangarides
d'or (en or)
et d'ivoire (en ivoire) massif,
et les armes de Quirinus vainqueur;
et là *je représenterai* le Nil
bouillonnant par la guerre
et coulant grand (à gros flots),
et les colonnes qui-s'élèvent (sont érigées)
avec l'airain des-vaisseaux.
J'y ajouterai
les villes domptées de l'Asie,
et le Niphate repoussé,
et le Parthe se-fiant à la fuite   [rière)
et à *ses* flèches retournées (lancées en ar-

Et duo rapta manu diverso ex hoste tropæa,
Bisque triumphatas utroque ab littore gentes.
Stabunt et Parii lapides, spirantia signa,
Assaraci proles, demissæque ab Jove gentis   35
Nomina, Trosque parens, et Trojæ Cynthius auctor.
Invidia infelix Furias amnemque severum
Cocyti metuet, tortosque Ixionis angues,
Immanemque rotam, et non exsuperabile saxum.
    Interea Dryadum silvas saltusque sequamur   40
Intactos : tua, Mæcenas, haud mollia jussa.
Te sine nil altum mens inchoat. En age, segnes
Rumpe moras; vocat ingenti clamore Cithæron,
Taygetique canes, domitrixque Epidaurus equorum ' ·
Et vox assensu nemorum ingeminata remugit.   45
Mox tamen ardentes accingar dicere pugnas
Cæsaris, et nomen fama tot ferre per annos,
Tithoni prima quot abest ab origine Cæsar.
    Seu quis, Olympiacæ miratus præmia palmæ,

on y verra deux trophées enlevés sur deux ennemis différents, et de
l'une à l'autre mer les nations deux fois menées en triomphe. Je veux
que le marbre de Paros, s'animant sous le ciseau, fasse revivre
la race d'Assaracus, et cette longue suite de héros descendus de Jupiter, et Tros, leur père, et Apollon Cynthien, qui a bâti Troie. Là
aussi figurera l'Envie, la malheureuse Envie, qui redoute les Eumé-
nides, le noir Cocyte, les serpents tortueux d'Ixion qui l'attachent
à sa roue éternellement tournante, et le rocher que Sisyphe soulève
toujours en vain.

Cependant suivons les Dryades dans leurs forêts, et cherchons des
sentiers inconnus aux Muses latines. C'est par ton ordre, ô Mécène,
que j'entreprends cette œuvre difficile. Sans toi, mon esprit ne forme
aucun projet élevé. Eh bien! triomphe de ma longue paresse, allons! Le Cithéron nous appelle à grands cris; j'entends aboyer les
chiens du Taygète, hennir les chevaux d'Épidaure, et l'écho des
bois nous renvoie, en les redoublant, ces bruyantes clameurs. Bientôt, cependant, je me préparerai à chanter les grands exploits de
César et à faire vivre son nom dans la mémoire des hommes autant
de siècles qu'il s'en est écoulé depuis la naissance de Tithon jusqu'à lui.

Soit qu'aspirant aux palmes triomphales d'Olympie, tu élèves des

et duo tropæa
rapta manu
ex hoste diverso,
gentesque triumphatas bis
ab utroque littore.
Et lapides Parii
stabunt,
signa spirantia,
proles Assaraci,
nominaque gentis
demissæ ab Jove,
Trosque parens,
et Cynthius auctor Trojæ.
Invidia infelix
metuet Furias
amnemque severum Cocyti,
anguesque tortos Ixionis,
rotamque immanem,
et saxum non exsuperabile.
  Interea
sequamur silvas Dryadum
saltusque intactos :
tua jussa haud mollia,
Mæcenas.
Sine te mens
inchoat nil altum.
En age,
rumpe moras segnes ;
Cithæron vocat
ingenti clamore,
canesque Taygeti,
Epidaurusque
domitrix equorum ;
et vox remugit
ingeminata
assensu nemorum.
Mox tamen accingar
dicere pugnas ardentes
Cæsaris,
et ferre nomen
fama
per tot annos,
quot Cæsar abest
a prima origine Tithoni.
  Seu quis,
miratus præmia
palmæ Olympiacæ,

et deux trophées
enlevés avec la main
sur un ennemi de-diverses-contrées,
et les nations dont-on-a-triomphé deux-
de (sur) l'un-et-l'autre rivage.   [foi
Des pierres (marbres) de-Paros aussi
y seront-debout,
reliefs vivants,
la race d'Assaracus,
et les noms de sa famille
descendue de Jupiter,
et Tros son père,
et le dieu du-Cynthe fondateur de Troie.
L'Envie infortunée (vaincue)
y craindra les Furies
et le fleuve sévère du Cocyte,
et les serpents enlacés autour d'Ixion,
et sa roue immense,
et le rocher non possible-à-vaincre.
  Cependant
poursuivons les forêts des Dryades
et leurs bois non-foulés :
ce sont tes ordres non doux (non faciles),
Mécène.
Sans toi mon esprit
n'entreprend rien d'élevé.
Eh bien allons,
romps (fais cesser) les retards paresseux :
le Cithéron nous appelle
avec un grand cri,
et les chiens du Taygète,
et Épidaure
qui-dompte les chevaux ;
et la voix retentit
redoublée (répétée)
par l'écho des bois.
Bientôt toutefois je me-disposerai
à dire les combats ardents
de César,
et à porter (étendre) son nom
par la renommée
pendant autant d'années,   [qu'à lui]
que César est-éloigné (qu'il y en a jus-
de la première origine de Tithon.
  Soit-que quelqu'un,
admirant (enviant) les récompenses
de la palme d'-Olympie,

Pascit equos, seu quis fortes ad aratra juvencos,   50
Corpora præcipue matrum legat. Optima torvæ
Forma bovis, cui turpe caput, cui plurima cervix,
Et crurum tenus a mento palearia pendent;
Tum longo nullus lateri modus; omnia magna,
Pes etiam, et camuris hirtæ sub cornibus aures.   55
Nec mihi displiceat maculis insignis et albo,
Aut juga detrectans, interdumque aspera cornu,
Et faciem tauro propior; quæque ardua tota,
Et gradiens ima verrit vestigia cauda.
　　Ætas Lucinam justosque pati hymenæos   60
Desinit ante decem, post quatuor incipit annos :
Cetera nec feturæ habilis, nec fortis aratris.
Interea, superat gregibus dum læta juventas,
Solve mares; mitte in Venerem pecuaria primus,
Atque aliam ex alia generando suffice prolem.   65

coursiers pour la lice ; soit que tu nourrisses de vigoureux taureaux
pour la charrue, le point essentiel, c'est le choix des mères. La
meilleure génisse a quelque chose de farouche dans le regard, la
tête énorme, le cou épais, de larges fanons tombant jusqu'aux ge-
noux, les flancs démesurément allongés; que tout en elle soit grand
et fort, même le pied, et que sous ses cornes courbées en dedans se
dressent deux oreilles velues. J'aimerais encore celle qui, marquée
de blanc et de noir, portant impatiemment le joug et menaçant parfois de la corne, se rapproche du taureau par le mufle, et qui, haute
de stature, balaye de sa longue queue la trace de ses pas.

　　Pour elle, l'âge propice à l'hymen et aux travaux de Lucine commence après quatre ans et finit avant dix; plus jeune ou plus vieille,
elle n'est ni propre à porter, ni assez forte pour la charrue. Profite
donc du temps de sa féconde jeunesse, et lâche vers elle tes taureaux.
Sois le premier à les envoyer aux combats de Vénus, et qu'une génération nouvelle, remplaçant la génération qui s'éteint, perpétue

pascit equos,
seu quis
juvencos fortes
ad aratra,
legat
præcipue
corpora matrum.
Forma
bovis torvæ
optima,
cui caput turpe,
cui cervix plurima,
et palearia pendent
a mento tenus crurum ;
• tum nullus modus
lateri longo ;
omnia magna,
pes etiam,
et aures hirtæ
sub cornibus camuris.
Nec displiceat mihi
insignis
maculis et albo,
aut detrectans juga,
interdumque aspera cornu,
et propior tauro faciem ;
quæque ardua tota,
et gradiens verrit vestigia
ima cauda.
 Ætas pati Lucinam
hymenæosque justos
desinit ante decem annos,
incipit post quatuor :
cetera
nec habilis feturæ,
nec fortis aratris.
Interea,
dum juventas læta
superat gregibus,
solve mares ;
primus
mitte pecuaria
in Venerem,
atque suffice
generando
aliam prolem
ex alia.

fasse-paître des chevaux,
soit-que quelqu'un *fasse paître*
de jeunes-taureaux vigoureux
pour la charrue,
qu'il choisisse
principalement (avec le plus grand soin)
les corps des mères.
La forme (le corps)
d'une génisse au-regard-de-travers
est la meilleure,
à laquelle *est* une tête difforme *de grosseur,*
à laquelle *est* un cou très-fort,
et *à laquelle* les fanons pendent
du menton jusqu'aux jambes ;
puis aucune mesure
n'est à *son* flanc allongé ;
tout *est* grand *en elle,*
le pied même,
et des oreilles hérissées (velues) *sont à elle*
sous des cornes courbées-en-dedans.
Et elle ne déplairait pas à moi
étant remarquable   [ches),
par des taches et du blanc (des taches blan-
ou refusant le joug,
et *étant* parfois menaçante de la corne,
et plus proche du taureau par l'aspect ;
et (ni) celle-qui *se tient* droite tout-entière,
et *en* marchant balaye *ses* traces
de l'extrémité-de *sa* queue.
 L'âge de supporter Lucine
et des hymens convenables
finit avant dix ans,
commence après quatre *ans :*
le reste-de *l'âge*
n'est ni propre à la reproduction,
ni vigoureux pour la charrue.
Cependant (dans cet intervalle),
tandis qu'une jeunesse féconde
est-dans-sa-plénitude aux troupeaux,
détache les mâles ;
le premier (le plus tôt possible)
envoie les troupeaux
à Vénus (à la reproduction),
et substitue
en produisant (par la production)
une autre race
à-la-suite d'une autre (à celle qui s'en va).

1.

Optima quæque dies miseris mortalibus ævi
Prima fugit : subeunt morbi, tristisque senectus,
Et labor, et duræ rapit inclementia mortis.
    Semper erunt quarum mutari corpora malis :
Semper enim refice; ac, ne post amissa requiras,   70
Anteveni, et sobolem armento sortire quotannis.
    Nec non et pecori est idem delectus equino.
Tu modo, quos in spem statuis submittere gentis,
Præcipuum jam inde a teneris impende laborem.
Continuo pecoris generosi pullus in arvis   75
Altius ingreditur, et mollia crura reponit.
Primus et ire viam, et fluvios tentare minaces
Audet, et ignoto sese committere ponti ;
Nec vanos horret strepitus. Illi ardua cervix,
Argutumque caput, brevis alvus, obesaque terga ;   80
Luxuriatque toris animosum pectus. Honesti
Spadices, glaucique ; color deterrimus albis,
Et gilvo. Tum, si qua sonum procul arma dedere,

la race de tes troupeaux. Hélas! pour les êtres mortels, les plus
beaux jours sont les premiers qui s'envolent ! bientôt arrivent les in-
firmités, la triste vieillesse, les souffrances, et enfin la mort, l'im-
pitoyable mort, qui nous enlève.

    Tu trouveras toujours dans tes étables quelques génisses à ré-
former : opère ces réformes nécessaires ; mais, pour n'avoir pas à
regretter plus tard d'irréparables pertes, pourvois d'avance aux vides
de ton troupeau, et forme chaque année de nouveaux nourrissons.

    Le choix des chevaux n'exige pas une attention moins sévère.
Ceux que tu destines à multiplier l'espèce devront être, dès leur âge
le plus tendre, l'objet de tous tes soins. On distingue sans peine le
poulain de bonne race à la fierté de son port, à la souplesse de ses
jarrets. Le premier, il ose aller en avant, braver les ondes mena-
çantes, se risquer sur un pont inconnu ; il ne s'épouvante pas d'un
vain bruit. Son encolure est hardie, sa tête effilée, son ventre
court, sa croupe rebondie, et le jeu de ses muscles se dessine vigou-
reusement sur son généreux poitrail. Pour la couleur, on estime les
bai brun et le gris pommelé ; on fait peu de cas du blanc et de
l'alezan clair. Entend-il au loin le bruit des armes? il ne sait plus

Quæque dies optima ævi	Tout jour (l'âge) le meilleur de la vie
fugit prima	s'enfuit le premier
mortalibus miseris :	pour les mortels malheureux :
morbi subeunt,	les maladies viennent-ensuite,
tristisque senectus,	et la triste vieillesse,
et labor,	et le travail,
et inclementia mortis duræ	et la rigueur de la mort cruelle
rapit.	*les* enlève.
Semper erunt	Toujours il y aura *des mères*
quarum malis	dont tu aimeras-mieux [remplacer) :
corpora mutari :	les corps être changés (que tu voudras
semper enim refice ;	toujours en effet remplace-*les*,
ac anteveni,	et prends-les-devants, [tard)
ne requiras post	de peur que tu ne regrettes ensuite (trop
amissa,	les corps perdus (les mères perdues),
et sortire quotannis	et choisis chaque-année
sobolem armento.	une lignée dans le troupeau.
Nec non et idem delectus	Et aussi le même choix
est	est (doit être fait)
pecori equino.	pour un troupeau de-chevaux.
Tu modo jam inde a teneris	Toi seulement déjà dès les tendres *années*
impende	consacre
laborem præcipuum,	un travail (soin) particulier
quos statuis	*à ceux* que tu décides
submittere	de laisser-grandir
in spem gentis.	pour l'espoir de la race.
Continuo	D'abord
pullus pecoris generosi	le poulain d'un troupeau généreux
ingreditur altius	marche plus fièrement
in arvis,	dans les champs,
et reponit crura mollia.	et pose les jambes molles (avec souplesse).
Audet primus et ire viam,	Il ose le premier et parcourir un chemin,
et tentare fluvios minaces,	et affronter les fleuves menaçants,
et sese committere	et se confier
ponti ignoto ;	à un pont inconnu *de lui ;*
nec horret vanos strepitus.	et il ne s'effraye pas de vains bruits.
Illi cervix ardua,	A lui *est* un cou élevé,
caputque argutum,	et une tête effilée (petite),
alvus brevis,	un ventre court (resserré),
tergaque obesa ;	et un dos gras ;
pectusque animosum	et *son* poitrail généreux
luxuriat toris.	est-riche de muscles.
Spadices, glaucique	Les *chevaux* bai, et les *chevaux* ardoisés
honesti ;	*sont* beaux (les plus beaux) ;
deterrimus color albis,	la pire couleur *est* aux *chevaux* blancs,
et gilvo.	et à l'alezan.
Tum, si qua arma	De-plus, si quelques (des) armes

Stare loco nescit, micat auribus, et tremit artus,
Collectumque fremens volvit sub naribus ignem[1].   85
Densa juba, et dextro jactata recumbit in armo.
At duplex agitur per lumbos spina[2]; cavatque
Tellurem et solido graviter sonat ungula cornu.
Talis Amyclæi domitus Pollucis habenis
Cyllarus[3], et, quorum Graii meminere poetæ,   90
Martis equi bijuges, et magni currus Achillis :
Talis et ipse jubam cervice effudit equina
Conjugis adventu pernix Saturnus[4], et altum
Pelion hinnitu fugiens implevit acuto.
  Hunc quoque, ubi aut morbo gravis, aut jam segnior annis   95
Deficit, abde domo; nec turpi ignosce senectæ.
Frigidus in Venerem senior, frustraque laborem
Ingratum trahit; et, si quando ad prælia ventum est,
Ut quondam in stipulis magnus sine viribus ignis,

rester en place, il dresse les oreilles, tout son corps tressaille, et le
feu s'échappe de ses naseaux brûlants; son épaisse crinière s'élève
en ondes, et retombe agitée sur son épaule droite. On sent comme
une double épine sur son dos frémissant : de son pied il creuse la
terre et la fait résonner sous sa corne vigoureuse. Tel fut Cyllare,
que la main de Pollux d'Amyclée sut dompter ; tels furent les chevaux que le dieu Mars attelait à son char ; tels ceux du grand
Achille, si célèbres dans les chants des poëtes grecs ; tel Saturne lui-
même, surpris par son épouse, déploya sur son cou nerveux sa
flottante crinière, et, dans sa fuite rapide, remplit les sommets du
Pélion de ses hennissements.
  Quand l'étalon, affaibli par les maladies ou devenu pesant par
l'effet des années, fait défaut à sa tâche, éloigne-le du haras:
et n'épargne pas sa vieillesse déshonorée. Glacé par l'âge, il
est inhabile aux travaux de Vénus; il s'y épuise en efforts stériles, et si quelquefois il s'engage dans ces rudes combats, il s'y
tourmente en vain, pareil, en son ardeur inutile, à ces feux sans

dedere sonum	ont donné (fait) du bruit
procul,	à-quelque-distance,
nescit stare loco,	il ne-sait-pas se-tenir en place,
micat auribus,	il s'agite par les oreilles (les dresse),
et tremit artus,	et tressaille de ses membres,
fremensque	et frémissant
volvit sub naribus	il roule sous ses naseaux (il souffle)
ignem	du feu (une respiration ardente)
collectum.	amassé (et épaisse).
Juba densa,	Sa crinière est épaisse,
et jactata	et secouée
recumbit in armo dextro.	retombe sur l'épaule droite.
At spina	Mais son épine
agitur duplex per lumbos;	s'étend double le-long-de ses reins;
cavatque tellurem	et il creuse la terre
et ungula sonat graviter	et son sabot retentit pesamment
cornu solido.	d'une corne épaisse.
Talis Cyllarus	Tel était Cyllare
domitus habenis	dompté par les rênes
Pollucis Amyclæi,	de Pollux d'-Amycla,
et equi bijuges Martis,	et les chevaux attelés-à-deux de Mars,
quorum poetæ Graii	dont les poëtes Grecs
meminere,	font-mention,
et currus magni Achillis :	et le char (l'attelage) du grand Achille :
talis et ipse	tel aussi lui-même
pernix Saturnus	le rapide Saturne
effudit jubam	répandit (secoua) sa crinière
cervice equina	sur son cou de-cheval
adventu conjugis,	à l'approche de son épouse,
et fugiens	et en fuyant
implevit hinnitu acuto	remplit d'un hennissement perçant
Pelion altum.	le Pélion élevé.
Abde hunc quoque domo,	Éloigne celui-ci aussi de la maison,
ubi deficit	lorsqu'il défaille
aut gravis morbo,	ou-bien appesanti par la maladie, [nées;
aut jam segnior annis ;	ou déjà plus ralenti (affaibli) par les an-
nec ignosce turpi senectæ.	et n'épargne pas une honteuse vieillesse.
Senior	Vieux
frigidus in Venerem,	il est froid pour les plaisirs de Vénus,
trahitque frustra	et traîne (continue) en-vain
laborem ingratum ;	un travail ingrat ;
et, si quando	et, si quelquefois
est ventum ad prælia,	on en est venu aux combats,
furit incassum	il s'emporte inutilement,
ut quondam magnus ignis	comme quelquefois un grand feu
sine viribus	sans forces

Incassum furit. Ergo animos ævumque notabis   100
Præcipue : hinc alias artes, prolemque parentum,
Et quis cuique dolor victo, quæ gloria palmæ.
Nonne vides, quum præcipiti certamine campum
Corripuere, ruuntque effusi carcere currus;
Quum spes arrectæ juvenum, exsultantiaque haurit   105
Corda pavor pulsans? illi instant verbere torto,
Et proni dant lora; volat vi fervidus axis :
Jamque humiles, jamque elati sublime videntur
Aera per vacuum ferri, atque assurgere in auras;
Nec mora, nec requies. At fulvæ nimbus arenæ   110
Tollitur; humescunt spumis flatuque sequentum :
Tantus amor laudum, tantæ est victoria curæ!

Primus Erichthonius currus et quatuor ausus
Jungere equos, rapidisque rotis insistere victor.
Frena Pelethronii Lapithæ gyrosque dedere,   115
Impositi dorso, atque equitem docuere sub armis

---

force et sans chaleur allumés dans nos chaumes. Assure-toi donc,
avant tout, de l'âge, de l'origine, de la vigueur et des autres qualités de ton coursier; sache s'il est sensible à la honte d'être vaincu,
à la gloire de remporter la palme. Vois-tu, dans les combats de la
course, comme les chars, se précipitant hors des barrières, s'élancent
à la fois et dévorent l'espace ! comme les cœurs tressaillent, enflammés
par l'espérance de la victoire ou agités par la crainte de la défaite ! Les
conducteurs font siffler le fouet noueux, et, penchés sur leurs coursiers, leur abandonnent les rênes. L'essieu s'allume, le char vole ;
tantôt ils se baissent, tantôt ils se dressent, et semblent monter dans
les airs, emportés sur l'aile des vents. Point de repos, point de relâche.
Cependant un nuage de poussière s'élève et les enveloppe. Les vainqueurs sont mouillés de l'écume et de l'humide haleine de ceux qui
les suivent, tant est grand l'amour de la gloire, tant la victoire a
de prix !

Érichthon osa le premier atteler quatre chevaux de front, et, porté
sur de rapides roues, se tenir en vainqueur sur un char. Montés sur
le dos de ces fiers animaux, les Lapithes les accoutumèrent au frein
et aux évolutions, leur apprirent à bondir sous le cavalier armé, et

in stipulis.	dans des chaumes.
Ergo	En-conséquence
notabis præcipue	tu observeras principalement
animos ævumque :	les dispositions et l'âge :
hinc alias artes,	puis les autres goûts,
prolemque parentum,	et la race des parents (de qui il est né),
et quis dolor	et quelle douleur
cuique victo,	*est* à chacun ayant (d'avoir) été vaincu,
quæ gloria palmæ.	quelle fierté de la palme *obtenue.*
Nonne vides,	Ne vois-tu pas,
quum currus	lorsque les chars
effusi carcere	lancés-hors de la prison (de la barrière)
corripuere campum	ont saisi (dévorent) la plaine
certamine præcipiti,	avec un effort rapide,
ruuntque ;	et se-précipitent ;
quum spes juvenum	lorsque les espérances des jeunes-gens
arrectæ,	*sont* dressées (excitées),
pavorque pulsans	et *que* la peur *en les* faisant-battre
haurit corda exsultantia ?	agite *leurs* cœurs tressaillants ?
illi instant verbere torto,	ceux-là se-penchent avec le fouet tressé,
et proni	et tendus-en-avant
dant lora ;	donnent (lâchent) les rênes ;
axis fervidus volat vi :	l'axe échauffé vole avec impétuosité :
jamque humiles,	et déjà (tantôt) humbles,
jamque elati sublime	et déjà (tantôt) dressés en-haut
videntur ferri	ils semblent être emportés
per aera vacuum,	à-travers l'air vide,
atque assurgere in auras;	et s'élever dans les brises (dans l'air);
nec mora, nec requies.	ni retard, ni repos.
At nimbus arenæ fulvæ	Mais un nuage de sable jaune
tollitur ;	s'élève ;
humescunt spumis	ils sont-humides de l'écume
flatuque sequentum :	et du souffle de ceux-qui-*les*-suivent :
tantus amor laudum,	tant *est* grand l'amour des louanges,
tantæ curæ est victoria !	à si-grand souci (si désirée) est la victoire!
Erichthonius	Erichthonius
ausus primus	osa le premier
jungere currus	atteler des chars
et quatuor equos,	et (avec) quatre chevaux,
victorque	et vainqueur *de ses chevaux domptés*
insistere rotis rapidis.	se-tenir sur les roues rapides (le char).
Lapithæ Pelethronii	Les Lapithes Péléthroniens
dedere frena	donnèrent (inventèrent) le frein
gyrosque,	et les cercles *décrits par le cheval,*
impositi dorso,	placés sur le dos *du coursier,*
atque docuere equitem	et enseignèrent au cavalier
insultare solo sub armis,	à bondir sur le sol sous (en) armes,

Insultare solo, et gressus glomerare superbos.
Æquus uterque labor¹; æque juvenemque magistri
Exquirunt, calidumque animis et cursibus acrem;
Quamvis sæpe fuga versos ille egerit hostes,   120
Et patriam Epirum referat, fortesque Mycenas,
Neptunique ipsa deducat origine gentem.

His animadversis, instant sub tempus et omnes
Impendunt curas denso distendere pingui²
Quem legere ducem et pecori dixere³ maritum;   25
Florentesque secant herbas, fluviosque ministrant,
Farraque, ne blando nequeat superesse labori,
Invalidique patrum referant jejunia nati.
Ipsa autem macie tenuant armenta volentes;
Atque ubi concubitus primos jam nota voluptas   130
Sollicitat, frondesque negant, et fontibus arcent;
Sæpe etiam cursu quatiunt, et sole fatigant,

à rassembler leurs pas avec grâce. Les deux exercices du char et du manége sont également difficiles, et les maîtres de l'art exigent également dans leur élève la jeunesse, l'ardeur et la légèreté à la course; sans cela n'espère rien du coursier, eût-il d'ailleurs cent fois poursuivi l'ennemi en déroute, eût-il pour patrie l'Épire et la puissante Mycènes, et fût-il né du trident même de Neptune.

Ces observations faites, et lorsque s'approche le temps des amours, applique tes soins à donner une nourriture solide et abondante à celui que tu choisis pour le chef et l'époux de ton troupeau. Fauche pour lui les herbes tendres et n'épargne ni la boisson ni la farine, de peur qu'il ne succombe aux doux travaux qui l'attendent, et que la débilité des enfants n'accuse un jour la faiblesse du père. Au contraire, on fait tout pour amaigrir les mères, et sitôt que les premiers aiguillons de la volupté les sollicitent aux amoureux plaisirs, on leur retranche le feuillage, on les éloigne des fontaines. Souvent même on les fatigue, on les exténue par des courses forcées en plein soleil, alors que l'aire gémit sous les coups redoublés du pesant fléau

et glomerare	et à ramasser
gressus superbos.	*sa* marche suberbe.
Uterque labor	L'un-et-l'autre travail
æquus ;	*est* égal *en difficulté;*
magistri	les maîtres (les éleveurs)
exquirunt æque	recherchent également
juvenemque,	*un cheval* et jeune,
calidumque animis	et chaud (bouillant) d'ardeur
et acrem cursibus ;	et vif à la course ;
quamvis sæpe	bien-que souvent *sans ces qualités*
ille	celui-là (le cheval)
egerit hostes	ait repoussé les ennemis
versos fuga,	retournés (mis en déroute) par la fuite,
et referat patriam	et *qu'*il rapporte (cite) *comme sa* patrie
Epirum,	l'Epire,
fortesque Mycenas,	et la puissante Mycènes,
deducatque gentem	et *qu'*il tire *sa* race
origine ipsa Neptuni.	de l'origine même de Neptune.
His animadversis,	Ces *choses* étant observées,
instant sub tempus	ils s'occupent au temps *de la reproduction*
et impendunt omnes curas	et appliquent tous *leurs* soins
distendere pingui denso	à gonfler d'une graisse serrée (ferme)
quem legere ducem	celui-qu'ils ont choisi *pour* chef,
et dixere maritum	et *qu'*ils ont désigné *pour* étalon
pecori;	au troupeau ;
secantque	et ils coupent *pour lui*
herbas florentes,	des herbes fleuries,
ministrantque fluvios,	et *lui* fournissent (donnent) de l'eau,
farraque,	et du froment,
ne nequeat superesse	de peur qu'il ne puisse survivre
blando labori,	à *son* doux travail,
natique invalidi	et *que* les enfants sans-vigueur
referant	ne reproduisent (ne se ressentent de)
jejunia patrum.	les jeûnes de *leurs* pères.
Tenuant autem	Ils amincissent au-contraire
macie	par la maigreur
volentes	*le* voulant (à dessein)
armenta ipsa;	les cavales elles-mêmes;
atque ubi voluptas	et dès que la volupté
nota	connue (dont elles ont le sentiment)
sollicitat jam	réclame déjà
primos concubitus,	le premier accouplement,
negantque frondes,	et ils *leur* refusent le feuillage,
et arcent fontibus ;	et ils *les* écartent des fontaines ;
sæpe etiam quatiunt cursu,	souvent aussi ils *les* épuisent à la course
et fatigant sole,	et *les* fatiguent au soleil,
quum area gemit	alors-que l'aire gémit

Quum graviter tunsis gemit area frugibus , et quum
Surgentem ad Zephyrum paleæ jactantur inanes.
Hoc faciunt nimio ne luxu obtusior usus   135
Sit genitali arvo [1], et sulcos oblimet inertes ;
Sed rapiat sitiens Venerem [2], interiusque recondat.
   Rursus cura patrum cadere, et succedere matrum
Incipit. Exactis gravidæ quum mensibus errant,
Non illas gravibus quisquam juga ducere plaustris ,   140
Non saltu superare viam sit passus, et acri
Carpere prata fuga, fluviosque innare rapaces.
Saltibus in vacuis pascant, et plena secundum
Flumina, muscus ubi, et viridissima gramine ripa ,
Speluncæque tegant, et saxea procubet umbra.   145
   Est lucos Silari circa ilicibusque virentem
Plurimus Alburnum volitans, cui nomen asilo
Romanum est, *œstron* [3] Graii vertere vocantes ,
Asper, acerba sonans ; quo tota exterrita silvis
Diffugiunt armenta ; furit mugitibus æther   150

et que la paille légère voltige emportée par le vent qui se lève. On
les traite ainsi de peur qu'un excès de graisse n'obstrue les secrètes
voies du champ de l'amour et ne rende stériles , en les recouvrant,
les sillons qui doivent être fécondés, et afin qu'ayant soif de Vénus,
elles saisissent avec plus d'avidité les germes créateurs et s'en pénè-
trent plus profondément.

   Bientôt on n'a plus à s'occuper des pères, et les mères à leur tour
réclament tous les soins, alors que, les mois de la gestation révolus,
elles errent chargées de leur fruit. Qu'on se garde bien alors de les
atteler aux pesants chariots : qu'on les empêche de franchir les
routes en sautant, de courir au galop dans les prairies, de traverser
à la nage les fleuves aux rapides courants. Mais qu'elles paissent
dans des lieux solitaires, le long des ruisseaux coulant à pleins bords,
et dont les rives leur offrent un lit de mousse, un vert gazon, des
grottes qui les abritent et l'ombre prolongée des rochers.

   Dans les bois de Silare, autour des verdoyantes forêts d'yeuses de
l'Alburne, voltige un insecte que les Latins ont surnommé *asilus;*
les Grecs l'appellent *œstron*. Cette mouche, armée d'un redoutable aiguillon, et qu'annonce le bruit aigre et sec de ses ailes,
met en fuite les troupeaux épouvantés, qui se dispersent çà et là

frugibus tunsis graviter,	sous les grains battus pesamment,
et quum paleæ inanes	et que les pailles vides
jactantur	sont jetées
ad Zephyrum surgentem.	au Zéphyr qui-se-lève.
Faciunt hoc	Ils font cela
ne luxu nimio	de peur que par une graisse excessive
usus sit obtusior	la pratique ne soit trop émoussée
arvo genitali,	au champ génital,
et oblimet sulcos inertes ;	et ne couvre-de-graisse les sillons stériles ;
sed sitiens	mais *pour qu'*altérée [mence`,
rapiat Venerem,	elle reçoive-avidement Vénus (la se-
recondatque interius.	et *la* cache plus avant *dans son corps.*
Rursus	De-nouveau (ensuite)
cura patrum	le soin *à prendre* des pères
incipit cadere,	commence à tomber (à cesser),
et matrum	et *le soin* des mères
succedere.	à *y* succéder.
Quum errant gravidæ	Lorsqu'elles errent *étant* pleines,
mensibus exactis,	les mois *de gestation* étant accomplis,
non quisquam passus sit	que personne ne permette
illas ducere juga	elles conduire (porter) le joug
plaustris gravibus,	à des chariots (de chariots) pesants,
non superare viam saltu,	ni franchir la route d'un saut,
et carpere prata	et parcourir les prairies
fuga acri,	d'une fuite (course) rapide,
innareque fluvios rapaces.	et nager-dans les fleuves qui-entraînent,
Pascant	Qu'elles paissent
in saltibus vacuis,	dans des pâturages vides,
et secundum flumina	et le-long-de fleuves
plena,	pleins (aux rives basses),
ubi muscus,	où *il y a* de la mousse,
et ripa viridissima gramine,	et où la rive *est* très-verte de gazon,
speluncæque tegant,	et que des grottes *les* abritent,
et umbra saxea procubet.	et que l'ombre des-roches se-projette.
Est circa lucos Silari	Il est autour des bois du Silare
Alburnumque	et de l'Alburno
virentem ilicibus	verdoyant d'yeuses
volitans plurimus,	un *insecte* volant très-nombreux,
cui	auquel
est nomen romanum asilo,	est le nom romain asilus,
Graii vertere	les Grecs ont tourné (exprimé)
vocantes œstron ;	*l'*appelant œstros ;
asper, sonans acerba ;	piquant, rendant-un-son aigre ;
quo armenta tota	par lequel les troupeaux tout-entiers
exterrita	effrayés
diffugiunt silvis ;	fuient-çà-et-là dans les forêts ;
æther furit	l'air est (semble être)-en-fureur

Concussus, silvæque, et sicci ripa Tanagri.
Hoc quondam monstro horribiles exercuit iras
Inachiæ Juno pestem meditata juvencæ [1].
Hunc quoque, nam mediis fervoribus acrior instat ,
Arcebis gravido pecori, armentaque pasces   155
Sole recens orto, aut noctem ducentibus astris.

　 Post partum, cura in vitulos traducitur omnis;
Continuoque notas et nomina gentis inurunt,
Et quos aut pecori malint submittere habendo,
Aut aris servare sacros, aut scindere terram,   160
Et campum horrentem fractis invertere glebis.
Cetera pascuntur virides armenta per herbas.
Tu, quos ad studium atque usum formabis agrestem,
Jam vitulos hortare, viamque insiste domandi,
Dum faciles animi juvenum, dum mobilis ætas.   165
Ac primum laxos tenui de vimine circlos
Cervici subnecte; dehinc, ubi libera colla

dans les bois : l'air ébranlé, les forêts, les rives desséchées du Tanagre répètent leurs affreux mugissements. C'est de ce monstre ailé
que se servit autrefois l'implacable colère de Junon, quand elle ré-
solut la perte de la génisse, fille errante d'Inachus. Écarte-le donc
de tes vaches pleines, et comme les ardeurs du midi allument surtout sa fureur, conduis tes troupeaux au pâturage le matin, peu
après le lever du soleil, ou le soir, quand les étoiles ramènent la nuit.

　Dès que les vaches ont mis bas, tous les soins doivent se porter
sur les petits. Et d'abord le fer brûlant les marque d'une empreinte
qui fera connaître et leur race et l'emploi auquel on les destine. Les
uns sont réservés pour la propagation de l'espèce ; les autres pour
les autels des dieux ; ceux-ci fendront la terre et retourneront, en
la brisant, la glèbe qui hérisse la plaine ; le reste paîtra en liberté
dans la verte prairie. Mais ceux que tu veux former au labour et
aux travaux champêtres, commence de bonne heure à les dompter,
tandis que leur naturel est facile encore et que leur âge se prête à
tout. D'abord, qu'un large cercle d'osier léger flotte autour de leur
cou ; puis, quand ils auront accoutumé leur tête libre encore à ce

concussus mugitibus, silvæque et ripa Tanagri sicci.	ébranlé de *leurs* mugissements, et *aussi* les forêts et la rive du Tanagre desséché.
Hoc monstro quondam Juno exercuit iras horribiles, meditata pestem juvencæ Inachiæ.	A l'aide de ce monstre autrefois Junon exerça des colères épouvantables, méditant la perte de la génisse d'-Inachus.
Arcebis quoque hunc pecori gravido, nam instat acrior mediis fervoribus, pascesque armenta sole orto recens, aut astris ducentibus noctem.	Tu écarteras aussi cet *insecte* du troupeau plein (des femelles pleines), car il poursuit plus acharné au-milieu des ardeurs *du soleil*, et tu feras-paître *tes* troupeaux le soleil étant levé récemment, ou les astres amenant la nuit.
Post partum, omnis cura traducitur in vitulos; continuoque inurunt notas et nomina gentis, et quos malint aut submittere habendo pecori, aut servare aris sacros, aut scindere terram, et invertere campum horrentem glebis fractis.	Après l'accouchement, tout le soin se-transporte sur les veaux; et d'abord ils impriment la marque et le nom de la famille, et *marquent ceux* qu'ils aiment-mieux ou laisser-grandir pour avoir du bétail (pour reproduire), ou réserver aux autels *étant* consacrés, ou fendre la terre, et retourner le champ hérissé *de mottes* les glèbes étant brisées (en les brisant).
Cetera armenta pascuntur per herbas virides.	Le reste du bétail (des veaux) paît au-milieu des herbes vertes.
Tu hortare jam vitulos, quos formabis ad studium atque usum agrestem, insisteque viam domandi, dum animi juvenum faciles, dum ætas mobilis.	Toi exhorte (excite) [que des veaux), déjà *étant* veaux (lorsqu'ils ne sont encore ceux-que tu formeras au travail et à la pratique des-champs, et suis le chemin (occupe-toi) de *les* dompter, tandis que les caractères d'*eux étant* jeunes. *sont* faciles (dociles) tandis que *leur* âge *est* mobile (souple).
Ac primum subnecte cervici laxos circlos de tenui vimine; dehinc, ubi assuerint servitio	Et d'abord noue-sous *leur* cou de larges cercles *faits* d'un mince osier; ensuite, quand ils auront accoutumé à la servitude

Servitio assuerint, ipsis e torquibus aptos
Junge pares, et coge gradum conferre juvencos;
Atque illis jam sæpe rotæ ducantur inanes   170
Per terram, et summo vestigia pulvere signent.
Post valido nitens sub pondere faginus axis
Instrepat, et junctos temo trahat æreus orbes.
Interea pubi indomitæ non gramina tantum,
Nec vescas salicum frondes, ulvamque palustrem,   175
Sed frumenta manu carpes sata : nec tibi fetæ,
More patrum, nivea implebunt mulctralia vaccæ,
Sed tota in dulces consument ubera natos.
    Sin ad bella magis studium turmasque feroces,
Aut Alphæa rotis prælabi flumina Pisæ,   180
Et Jovis in luco currus agitare volantes,
Primus equi labor est animos atque arma videre
Bellantum, lituosque pati, tractuque gementem
Ferre rotam, et stabulo frenos audire sonantes;
Tum magis atque magis blandis gaudere magistri   185

premier essai de servitude, qu'un lien commun rassemble deux jeunes taureaux et les force à marcher ensemble d'un pas égal. Déjà
même tu peux leur faire traîner un char vide, qui laisse à peine sa
trace sur la poussière. Enfin, qu'un essieu de frêne crie sous une
charge pesante, et que ton attelage déjà robuste ne tire plus sans
effort deux roues réunies à un timon d'airain. Cependant donne pour
nourriture à cette jeunesse encore indomptée, non-seulement le menu
fourrage, la feuille du saule et les herbes des marais, mais encore
un peu de blé vert. Et quant aux vaches qui sont devenues mères, ne
va pas, comme faisaient nos pères, emplir tes vases de leur lait blanc
comme la neige : laisse-les plutôt épuiser pour leurs nourrissons les
trésors de leurs mamelles.

Mais si tu aimes mieux élever des chevaux pour la guerre et pour
les rudes exercices de la cavalerie, ou bien pour glisser sur de rapides roues aux bords de l'Alphée, ou pour faire voler un char dans
les bois sacrés de Jupiter, accoutume de bonne heure ton élève à voir
les armes, les guerriers pleins d'ardeur ; à entendre les clairons écla-
tants, et le roulement de la roue qui gémit, et le bruyant cliquetis
des freins dans l'étable. Que de jour en jour il prenne plus de plai-
sir aux louanges de son maître, au doux retentissement de sa

colla libera,	leur cou libre,
e torquibus ipsis	avec leurs colliers mêmes
junge aptos pares,	réunis—les attachés par-paire,
et coge juvencos	et force les jeunes-bœufs [ensemble);
conferre gradum;	à porter-ensemble leur pas (à marcher
atque jam sæpe	et que déjà alors souvent
rotæ inanes	des roues (des chars) vides
ducantur illis	soient conduites (traînés) par eux
per terram,	sur la terre,
et signent vestigia	et marquent leurs traces
summo pulvere.	à-la-surface-de la poussière.
Post axis faginus	Puis qu'un axe de-hêtre
nitens sub pondere valido	faisaut-effort sous un poids puissant
instrepat,	crie,
et temo æreus	et qu'un timon d'-airain
trahat orbes junctos.	traîne des roues réunies.
Interea carpes manu	Cependant tu cueilleras avec la main
non tantum gramina	non seulement des herbes
pubi indomitæ,	pour la jeunesse (les veaux) non-domptée,
nec frondes vescas salicum,	ni (et) les feuilles maigres des saules,
ulvamque palustrem,	et l'ulve des-marais,
sed frumenta sata :	mais aussi les tiges des blés semés:
et vaccæ fetæ	et les vaches qui-ont-mis-bas
non implebunt tibi,	ne rempliront pas pour toi,
more patrum,	selon la coutume de nos pères,
mulctralia nivea,	les vases-à-traire blancs-comme-la-neige,
sed consument	mais dépenseront
tota ubera	toutes leurs mamelles (tout leur lait)
in dulces natos.	pour nourrir leurs doux petits.
Sin studium magis	Mais-si le goût est plutôt à toi
ad bella	tourné vers les guerres
turmasque feroces,	et les escadrons intrépides,
aut prælabi rotis	ou de glisser sur des roues (un char)
flumina Alphæa Pisæ,	le long du fleuve Alphéen de Pise,
et agitare in luco Jovis	et de lancer dans le bois de Jupiter
currus volantes,	des chars volants,
est primus labor equi,	c'est le premier travail du cheval,
videre animos atque arma	de voir l'ardeur et les armes
bellantum,	de ceux-qui-font-la-guerre,
patique lituos,	et d'endurer les clairons,
ferreque rotam	et de supporter la roue
gementem tractu,	qui gémit par le traînement,
et audire stabulo	et d'entendre dans l'étable
frenos sonantes;	les freins retentissants;
tum	puis
gaudere magis atque magis	de se-réjouir de plus en plus
laudibus blandis magistri,	des éloges caressants de son maître,

Laudibus, et plausæ sonitum cervicis amare.
Atque hæc jam primo depulsus ab ubere matris
Audeat, inque vicem det mollibus ora capistris
Invalidus, etiamque tremens, etiam inscius ævi¹.
At, tribus exactis, ubi quarta accesserit æstas,   190
Carpere mox gyrum incipiat, gradibusque sonare
Compositis, sinuetque alterna volumina crurum,
Sitque laboranti similis : tum cursibus auras
Tum vocet, ac per aperta volans, ceu liber habenis,
Æquora, vix summa vestigia ponat arena.   195
Qualis Hyperboreis Aquilo quum densus ab oris
Incubuit, Scythiæque hiemes atque arida differt
Nubila : tum segetes altæ campique natantes
Lenibus horrescunt flabris, summæque sonorem
Dant silvæ, longique urgent ad littora fluctus :   200
Ille volat, simul arva fuga, simul æquora verrens.
Hic vel ad Elei metas et maxima campi

main qui le caresse. Commence à le former ainsi, à peine écarté de la mamelle de sa mère, et lorsque, faible, tout tremblant encore et sans expérience, il livre de lui-même sa bouche à un premier et léger bridon. Mais après trois ans, et quand déjà il atteint son quatrième été, qu'il commence dès lors à tourner en rond, à faire retentir la terre sous ses pas cadencés, à jeter et à ramener tour à tour ses jambes ; qu'il s'éprouve ainsi à la fatigue et au travail ; qu'ensuite il s'élance, provoque les vents à la course, et que volant libre du frein à travers la plaine, il imprime à peine sur la poussière la trace de ses pas. Tel l'Aquilon, au souffle puissant, fond des régions hyperboréennes et disperse au loin les frimas et es nuages secs de la Scythie. Alors les hautes moissons, ondulant sous son haleine, frémissent mollement agitées ; les forêts sur les monts jettent de grands murmures, et les flots accourent de loin et se pressent sur le rivage. Ainsi vole l'Aquilon, balayant dans sa course rapide et la terre et les mers. Tu le verras, le coursier ainsi dressé, tourner la borne olympique dans les campagnes d'Élis ; tu

et amare sonitum	et d'aimer le bruit
cervicis plausæ	de *son* cou frappé *par sa main.*
Atque audeat hæc	Et qu'il ose cela
jam depulsus	déjà écarté (aussitôt qu'on l'éloigne)
a primo ubere	de la première mamelle (pour la première
matris,	de *sa* mère, [fois de la mamelle)
inque vicem	et que tour-à-tour (dans un autre moment)
det ora	il donne (confie) *sa* tête
capistris mollibus,	à une muselière molle,
invalidus,	faible,
etiamque tremens,	et encore tremblant
etiam inscius ævi.	encore ignorant l'âge (sans assurance).
At, tribus exactis,	Mais, trois *étés* étant passés,
ubi quarta æstas accesserit,	quand le quatrième été sera arrivé,
mox incipiat	que bientôt il commence
carpere gyrum,	à parcourir un cercle (tourner en cercle),
sonareque	et à retentir
gradibus compositis,	par des pas cadencés,
sinuetque alterna	et qu'il replie l'une-après-l'autre
volumina crurum	les courbes de *ses* jambes,
sitque similis	et qu'il soit semblable
laboranti :	à *un être* qui-se-donne-de-la-peine :
tum, tum vocet auras	qu'alors, alors il provoque les vents
cursibus,	à la course,
ac volans	et que volant
per æquora aperta,	à-travers les plaines ouvertes,
ceu liber habenis,	comme libre de rênes,
ponat vix vestigia	il pose (imprime) à-peine *ses* traces
summa arena.	à-la-surface du sable.
Qualis,	*Tel* que *l'Aquilon,*
quum Aquilo densus	lorsque l'Aquilon pressé (impétueux)
incubuit	s'est abattu
ab oris Hyperboreis,	des rives Hyperboréennes,
differtque hiemes Scythiæ	et dissipe les hivers (frimas) de Scythie
atque nubila arida :	et les nuages secs (sans pluie) :
tum segetes altæ	alors les moissons hautes
campique natantes	et les champs qui-ondulent
horrescunt flabris lenibus,	frissonnent de souffles doux,
silvæque summæ	et les forêts à-leur-cîme
dant sonorem,	donnent (rendent) un murmure,
fluctusque longi	et des flots longs (immenses)
urgent ad littora :	*se* pressent vers les rivages :
ille volat,	celui-là (l'Aquilon) vole,
verrens fuga	balàyant dans *sa* course-rapide
simul arva, simul æquora.	à-la-fois les champs, à-la-fois les mers.
Hic vel sudabit	Celui-ci (le cheval) ou-bien suera
ad metas Elei,	pour *atteindre* les bornes d'Élis,

Sudabit spatia, et spumas aget ore cruentas;
Belgica vel molli melius feret esseda [1] collo.
Tum demum crassa magnum farragine corpus   205
Crescere jam domitis sinito; namque ante domandum
Ingentes tollent animos, prensique negabunt
Verbera lenta pati, et duris parere lupatis.
  Sed non ulla magis vires industria firmat
Quam Venerem et cæci stimulos avertere amoris,   210
Sive boum, sive est cui gratior usus equorum.
Atque ideo tauros procul atque in sola relegant
Pascua, post montem oppositum, et trans flumina lata;
Aut intus clausos satura ad præsepia servant.
Carpit enim vires paulatim, uritque videndo   215
Femina, nec nemorum patitur meminisse nec herbæ.
Dulcibus illa quidem illecebris et sæpe superbos
Cornibus inter se subigit decernere amantes.
Pascitur in magna Sila formosa juvenca:
Illi alternantes multa vi prælia miscent   220

le verras, couvert de sueur et d'une sanglante écume, parcourir la
vaste carrière : ou bien, ployant son cou docile sous le char des Belges, il s'élancera au milieu des batailles. Ce n'est qu'après l'avoir
ainsi dompté qu'on peut lui laisser prendre du corps par une nourriture plus abondante et plus forte : avant ce temps, sa fougue et sa
fierté se révoltent contre le fouet, et il refuse d'obéir à la main qui lui
fait sentir le frein.

Mais il n'est pas de plus sûr moyen de développer la vigueur, soit
des taureaux, soit des chevaux, que d'écarter d'eux Vénus et les
aiguillons de l'aveugle amour. C'est pour cela qu'on relègue les taureaux au loin, dans des pâtis solitaires, derrière une montagne, au
delà de quelque large fleuve qui les sépare du troupeau, ou qu'on les
tient renfermés dans l'étable, auprès d'une ample pâture. Car la vue
d'une génisse les mine insensiblement, les consume d'amour et leur
fait oublier les bois et les herbages. Souvent même celle-ci, par ses
doux attraits, allume la guerre entre ses superbes amants, qui com-
battent pour elle à coups de cornes. Tandis qu'elle paît, belle et
tranquille, dans les grands bois de Sila, ces fiers rivaux se livrent

et maxima spatia
campi,
et aget ore
spumas cruentas;
vel feret melius
esseda Belgica
collo molli.
Tum demum
sinito corpus
crescere magnum
farragine crassa
jam domitis;
namque ante domandum
tollent animos ingentes,
prensique negabunt pati
verbera lenta,
et parere lupatis duris.

Sed non ulla industria
firmat magis vires
quam avertere Venerem
et stimulos amoris cæci,
sive usus boum,
sive equorum
est gratior cui.
Atque ideo
relegant tauros procul
atque in pascua sola,
post montem oppositum,
et trans flumina lata;
aut servant clausos intus
ad præsepia satura.
Femina enim
carpit vires paulatim,
uritque videndo,
nec patitur
meminisse nemorum
nec herbæ.
Illa quidem
dulcibus illecebris
et subigit sæpe
superbos amantes
decernere inter se
cornibus.
Formosa juvenca
pascitur in magna Sila :
illi alternantes
miscent prælia

et *traverser* les très-grands espaces
de la plaine,
et rejettera de *sa* bouche
des écumes sanglantes;
ou-bien portera mieux
les chars Belges
d'un cou amolli (dompté).
Alors seulement-enfin
permets le corps
croître (devenir) grand
au moyen d'une dragée épaisse
à *eux* déjà domptés ;
car avant de *les* dompter
ils élèveront des esprits superbes,
et étant saisis refuseront de supporter
le fouet flexible,
et d'obéir aux mors durs.

Mais aucun soin
n'affermit plus *leurs* forces
que d'écarter *d'eux* Vénus
et les aiguillons d'un amour aveugle,
soit-que l'usage (la possession) des bœufs,
soit-que *celui* des chevaux
est (soit) plus agréable à quelqu'un.
Et pour cela
les éleveurs relèguent les taureaux loin
et dans des pâturages solitaires,
derrière une montagne placée-devant *eux*,
et au-delà-de fleuves larges ;
ou ils *les* gardent enfermés au-dedans
auprès-de crèches pleines.
Car la femelle
consume *leurs* forces peu-à-peu,
et *les* brûle en étant vue *d'eux*,
et ne *leur* permet pas
de se-souvenir des bois
ni de l'herbe (du pâturage).
Elle assurément
par de doux attraits
amène encore souvent
ses superbes amants
à lutter entre eux
avec les cornes.
La belle génisse
paît sur le grand Sila :
ceux-ci alternant (mutuellement)
mêlent (engagent) des combats

Vulneribus crebris ; lavit ater corpora sanguis,
Versaque in obnixos urgentur cornua vasto
Cum gemitu : reboant silvæque et magnus Olympus.
Nec mos bellantes una stabulare : sed alter
Victus abit, longeque ignotis exsulat oris,   225
Multa gemens ignominiam, plagasque superbi
Victoris [1], tum quos amisit inultus amores ;
Et stabula adspectans regnis excessit avitis.
Ergo omni cura vires exercet, et inter
Dura jacet pernox instrato saxa cubili [2],   230
Frondibus hirsutis et carice pastus acuta ;
Et tentat sese, atque irasci in cornua discit [3]
Arboris obnixus trunco, ventosque lacessit
Ictibus, et sparsa ad pugnam proludit arena.
Post, ubi collectum robur, viresque refectæ,   235
Signa movet, præcepsque oblitum fertur in hostem :
Fluctus uti, medio cœpit quum albescere ponto

d'horribles combats et se couvrent de blessures : un sang noir ruis
selle de leurs flancs. La corne baissée, et luttant de leurs robustes
fronts, ils s'entre-choquent avec d'affreux mugissements : les bois et
les vastes cieux en retentissent. Désormais le même séjour ne saurait
plus les rassembler : le vaincu s'en va ; il cherche un exil lointain
sur des bords inconnus, déplorant sa défaite, la victoire d'un inso-
lent vainqueur, hélas ! et ses amours qu'il perd sans vengeance ! et
jetant un dernier regard sur son étable, il abandonne l'empire où
régnaient ses aïeux. Cependant il ne néglige rien pour rappeler ses
forces : la nuit donc il se couche sur d'arides rochers ; le jour, il se
nourrit de feuillages amers et d'herbes marécageuses ; il excite, il
exerce sa colère ; il attaque de ses cornes le tronc des arbres, harcèle
les vents de ses coups, et prélude au combat en faisant voler sous ses
pieds des tourbillons de poussière. Sitôt qu'il a ramassé toutes ses
forces et retrouvé sa première vigueur, il entre en campagne et se
précipite sur son rival, qui l'avait oublié. Ainsi l'on voit la vague
blanchissante venir au loin du milieu des mers, s'enfler, s'étendre

multa vi	avec une grande force
vulneribus crebris ;	avec des blessures fréquentes ;
sanguis ater lavit corpora,	un sang noir baigne *leurs* corps ,
cornuaque versa	et *leurs* cornes tournées
in obnixos	contre *eux* qui-luttent-avec-effort
urgentur	sont poussées
cum vasto gemitu :	avec un vaste gémissement :
silvæque	et les forêts
et magnus Olympus	et le grand Olympe
reboant.	*en* retentissent.
Nec mos	Et la coutume n'*est* pas
bellantes stabulare una :	les combattants séjourner ensemble :
sed alter abit victus,	mais l'un s'en-va ayant été vaincu ,
exsulatque longe	et vit-dans-l'exil au-loin
oris ignotis,	sur des bords inconnus ,
gemens multa	déplorant fréquemment
ignominiam,	*sa* honte,
plagasque	et les coups
victoris superbi ,	de (portés par) *son* vainqueur superbe ,
tum amores,	et-de-plus les amours,
quos amisit inultus ;	qu'il a perdus sans-se-venger ;
et adspectans stabula	et jetant-un-regard-sur les étables
excessit regnis avitis.	il s'est retiré du royaume de-*ses*-aïeux.
Ergo exercet vires	En-conséquence il exerce *ses* forces
omni cura ,	avec tous *ses* soins ,
et jacet pernox	et reste-étendu pendant-la-nuit
cubili instrato	sur un lit sans-litière
inter dura saxa,	au-milieu-de durs rochers,
pastus frondibus hirsutis	repu de feuilles piquantes
et carice acuta ;	et de laîche pointue;
et sese tentat,	et il s'essaye,
atque discit irasci	et apprend à s'irriter
in cornua	pour les *combats à coups de* cornes
obnixus trunco arboris,	luttant-contre le tronc d'un arbre,
lacessitque ventos ictibus,	et il harcèle les vents de *ses* coups,
et proludit ad pugnam	et il prélude au combat
arena sparsa.	par le sable dispersé (en le dispersant).
Post, ubi robur collectum,	Puis, dès que *sa* vigueur *est* ramassée,
viresque refectæ,	et *ses* forces réparées,
movet signa,	il fait-avancer les drapeaux,
præcepsque fertur	et se-précipitant il se-porte
in hostem oblitum :	contre *son* ennemi qui-*l*'a-oublié :
uti fluctus.	comme le flot,
quum cœpit albescere	lorsqu'il a commencé à blanchir
longius	plus au-loin
medio ponto ,	au-milieu-de la mer, [bant)
trahitque sinum	et traîne *sa* courbure (vient en se cour

Longius, ex altoque sinum trahit; utque, volutus
Ad terras, immane sonat per saxa, neque ipso
Monte minor procumbit; at ima exæstuat unda   240
Vorticibus, nigramque alte subjectat arenam.

    Omne adeo genus in terris hominumque, ferarumque,
Et genus æquoreum, pecudes, pictæque volucres
In furias ignemque ruunt: amor omnibus idem.
Tempore non alio catulorum oblita leæna   245
Sævior erravit campis; nec funera vulgo
Tam multa informes ursi stragemque dedere
Per silvas; tum sævus aper, tum pessima tigris:
Heu! male tum Libyæ solis erratur in agris.

    Nonne vides ut tota tremor pertentet equorum   250
Corpora, si tantum notas odor attulit auras?
Ac neque eos jam frena virum, neque verbera sæva,
Non scopuli rupesque cavæ, atque objecta retardant
Flumina correptosque unda torquentia montes.
Ipse ruit, dentesque Sabellicus exacuit sus,   255

---

en courbe immense. Le mont liquide se roule vers le rivage, mugit avec fureur contre les rochers et retombe de toute sa hauteur. L'onde agitée jusqu'en ses plus profonds abîmes s'élève en bouillonnant et jette à sa surface des tourbillons d'un sable noir.

Ainsi, tout ce qui respire sur la terre, les hommes, les bêtes sauvages, les troupeaux, les habitants des eaux et les oiseaux peints de mille couleurs, ressentent les feux de l'amour et s'abandonnent à ses fureurs; l'amour exerce sur tous le même empire. En aucun temps, la lionne, oubliant ses lionceaux, n'a erré plus terrible dans les campagnes; jamais les ours informes ne remplirent les forêts de plus de carnage; jamais le sanglier n'est plus terrible, le tigre plus redoutable. Malheur à ceux qui parcourent alors les sables déserts de la Libye!

Vois comme les coursiers frissonnent de tous leurs membres, si l'air seulement leur apporte une odeur bien connue! dès lors rien ne peut les arrêter, ni le frein, ni le fouet, ni les rochers, ni les précipices, ni les fleuves qui renversent tout sur leur passage et roulent dans leurs flots les débris des montagnes. Le sanglier de la

ex alto ;
utque, volutus ad terras,
sonat immane
per saxa,
neque procumbit minor
monte ipso ;
at unda ima
exæstuat vorticibus,
subjectatque alte
arenam nigram.
  Adeo in terris
omne genus
hominumque, ferarumque,
et genus æquoreum,
pecudes,
volucresque pictæ
ruunt
in furias ignemque :
amor idem omnibus.
Non alio tempore
leæna oblita catulorum
erravit sævior campis ;
nec ursi informes
dedere vulgo
tam multa funera
stragemque per silvas ;
tum aper sævus,
tum tigris pessima.
Heu !
male tum
erratur in agris solis
Libyæ.
  Nonne vides,
ut tremor pertentet
corpora tota equorum,
si tantum odor
attulit
auras notas ?
Ac jam neque frena virum,
neque verbera sæva,
non scopuli
rupesque cavæ,
atque flumina objecta
torquentiaque unda
montes correptos,
retardant eos.
Sus Sabellicus ipse

de la haute *mer ;*
et comme, roulé vers les terres,
il retentit d'une manière-effrayante
à-travers les rochers,
et ne s'affaisse pas moindre
qu'une montagne même ;
mais l'onde la plus basse
bouillonne avec des tourbillons,
et lance en-haut
un sable noir.
  Bien-plus sur la terre
toute l'espèce
et des hommes, et des bêtes,
et l'espèce des-eaux (les poissons),
les troupeaux,
et les oiseaux peints (colorés)
se-précipitent(sontemportés) [ardentes,
dans des passions et un feu (des passions
l'amour *est* le même pour tous.
Non dans un autre temps (jamais)
la lionne oubliant *ses* petits
n'a erré plus farouche dans les campagnes ;
et les ours difformes
n'ont *jamais* donné (fait) indistinctement
d'aussi nombreux meurtres
et *autant de* carnage dans les forêts ;
alors le sanglier *est* redoutable,
alors le tigre *est* très-cruel.
Hélas !   [alors
malheureusement (pour son malheur)
on erre dans les champs solitaires
de la Libye.
  Ne vois-tu pas,
comme un tremblement agite
le corps tout-entier des chevaux,
si seulement l'odeur
leur a apporté   [connue)?
des brises connues (si l'air apporte l'odeur
Et déjà ni les freins des hommes,
ni les fouets rigoureux,
ni les roches
et les rochers creux (les cavernes),
et (ni) les fleuves placés-devant *eux*
et roulant dans *leur* onde
des *fragments de* montagnes emportés,
ne retardent eux.
Le sanglier Sabin lui-même

Et pede prosubigit terram, fricat arbore costas,
Atque hinc atque illinc humeros ad vulnera durat.

Quid juvenis [1], magnum cui versat in ossibus ignem
Durus amor? Nempe, abruptis turbata procellis
Nocte natat cæca serus freta; quem super ingens   260
Porta tonat cœli [2], et scopulis illisa reclamant
Æquora; nec miseri possunt revocare parentes,
Nec moritura super crudeli funere virgo.

Quid lynces Bacchi variæ, et genus acre luporum,
Atque canum, quique imbelles dant prælia cervi?   265
Scilicet ante omnes furor est insignis equarum;
Et mentem Venus ipsa dedit, quo tempore Glauci
Potniades malis membra absumsere quadrigæ.
Illas ducit amor trans Gargara, transque sonantem
Ascanium; superant montes, et flumina tranant.   270
Continuoque, avidis ubi subdita flamma medullis,

Sabine aiguise ses défenses, laboure la terre de ses pattes, et frotte contre les arbres ses flancs et ses larges épaules, pour les endurcir aux blessures.

Mais que n'ose pas un jeune homme quand l'amour a pénétré ses os de ses feux redoutables? La nuit, au milieu des plus épaisses ténèbres, il traverse à la nage le détroit bouleversé par l'orage; il n'entend ni le ciel qui gronde au-dessus de sa tête, ni les flots qui se brisent contre les rochers retentissants, ni ses parents éperdus qui le rappellent, ni son amante désespérée, dont la mort va suivre la sienne.

Que dirai-je des lynx mouchetés de Bacchus, de la race belliqueuse des loups et des chiens, et des combats que les cerfs, les timides cerfs, se livrent alors entre eux? Mais rien n'égale surtout les emportements des cavales; Vénus elle-même leur inspira ses fureurs lorsqu'elle fit déchirer Glaucus de Potnia par les quatre juments qui tiraient son char. L'amour les transporte au delà du Gargare et de l'Ascagne retentissant; elles franchissent les montagnes, elles traversent les fleuves à la nage. Aussitôt que ce feu s'est allumé dans leurs entrailles avides, au

ruit, exacuitque dentes,
et prosubigit terram pede,
fricat costas arbore,
atque hinc atque illinc
durat humeros ad vulnera.

se-précipite, et aiguise *ses* défenses,
et frappe la terre de *son* pied
il frotte *ses* côtes contre un arbre,
et d'ici et de là (de l'un et l'autre côté)
il endurcit *ses* épaules aux blessures.

Quid juvenis,
cui durus amor
versat magnum ignem
in ossibus?

Que *n'ose pas* le jeune homme,
à qui le cruel amour
retourne (fait courir) un grand feu
dans les os?

Nempe, serus nocte cœca
natat
freta turbata
procellis abruptis;
super quem
ingens porta cœli tonat,
et æquora
illisa scopulis
reclamant;
nec parentes miseri
possunt revocare,
nec virgo
moritura super
funere crudeli.

Eh bien, tardif (tard) dans la nuit obscure,
il traverse-à-la-nage
le détroit bouleversé
par les tempêtes qui-ont-éclaté;
lui au-dessus-de-qui
l'immense porte du ciel tonne,
et *autour de qui* les eaux
brisées-contre les rochers
retentissent;
ni *ses* parents infortunés
ne peuvent *le* rappeler (le retenir),
ni la jeune-fille
qui-mourra en-outre (après lui)
d'un trépas cruel.

Quid
lynces variæ Bacchi,
et genus acre luporum,
atque canum,
cervique imbelles
qui dant prælia?
Scilicet furor equarum
est insignis ante omnes;
et Venus ipsa
dedit mentem,
tempore
quo quadrigæ
Potniades
absumsere malis
membra Glauci.
Amor ducit illas
trans Gargara,
transque Ascanium
sonantem;
superant montes,
et tranant flumina.
Continuoque,
ubi flamma subdita
medullis avidis,

Que *n'osent pas*
les lynx tachetés de Bacchus,
et la race fougueuse des loups,
et *celle* des chiens,
et les cerfs peu-belliqueux
qui livrent des combats?
Mais le transport des cavales
est remarquable par-dessus tous;
et Vénus même
leur a donné *cette* disposition *à la rage*,
dans le temps
où les attelages-de-quatre-chevaux
de-Potnia
dévorèrent de *leurs* mâchoires
les membres de Glaucus.
L'amour emmène elles
au-delà du Gargare,
et au-delà-de l'Ascagne
retentissant;
elles franchissent les montagnes,
et traversent-à-la-nage les fleuves.
Et aussitôt,
dès que la flamme *a été* attisée
dans *leurs* moelles (entrailles) avides,

2.

Vere magis, quia vere calor redit ossibus, illæ
Ore omnes versæ in Zephyrum stant rupibus altis
Exceptantque leves auras ; et sæpe sine ullis
Conjugiis vento gravidæ, mirabile dictu !   275
Saxa per et scopulos et depressas convalles
Diffugiunt, non, Eure, tuos, neque solis ad ortus,
In Boream Caurumque, aut unde nigerrimus Auster
Nascitur et pluvio contristat frigore cœlum.
Hic demum, hippomanes vero quod nomine dicunt   280
Pastores, lentum destillat ab inguine virus ;
Hippomanes, quod sæpe malæ legere novercæ,
Miscueruntque herbas, et non innoxia verba.
     Sed fugit interea, fugit irreparabile tempus,
Singula dum capti circumvectamur amore.   285
Hoc satis armentis. Superat pars altera curæ,
Lanigeros agitare greges, hirtasque capellas.
Hic labor ; hinc laudem fortes sperate coloni.
Nec sum animi dubius verbis ea vincere magnum

---

printemps surtout, car c'est au printemps que la chaleur animale se
réveille, elles volent au sommet des rocs élevés, et là, tournées vers
le soleil couchant et la bouche avidement ouverte au Zéphyr, elles
aspirent son haleine amoureuse, et souvent, ô prodige! sans le secours d'un autre époux, le vent les féconde ; puis elles précipitent
leur fuite à travers les monts, les rochers et les vallées profondes,
non pas vers les régions où tu souffles, doux Eurus, non pas du côté
où tu te lèves, ô Soleil, mais vers les contrées que glacent Borée et
le Caurus, et où le ciel est toujours attristé des froides pluies de
l'Auster. C'est alors qu'on les voit distiller de leurs flancs échauffés
ce poison que les pasteurs nomment hippomane, et que recueillent
souvent de cruelles marâtres pour le mêler au suc des plantes véné-
neuses, en prononçant des paroles magiques.
     Mais tandis qu'épris du charme de mon sujet je m'égare en ces mille
détails, le temps, l'irréparable temps s'enfuit. C'est assez parler des
grands troupeaux ; il me reste à dire comment on fait paître la brebis
à la blanche toison et la chèvre aux longs poils soyeux. C'est un nouveau travail pour vous, ô robustes cultivateurs, mais vous y trou-
verez une gloire nouvelle. Je sais combien il est difficile d'exprimer

vere magis,	au printemps plutôt,
quia vere	parce qu'au printemps
calor redit ossibus,	la chaleur revient aux os,
illæ stant rupibus altis,	elles se-tiennent sur des roches élevées,
versæ omnes ore	tournées toutes par le visage
in Zephyrum,	vers le Zéphyre,
exceptantque auras leves;	et reçoivent les brises légères;
et sæpe sine ullis conjugiis	et souvent sans aucun accouplement
gravidæ vento,	pleines par le vent,
mirabile dictu!	*chose* étonnante à être dite!
diffugiunt	elles s'enfuient-de-côté-et-d'autre
per saxa et scopulos	à-travers les roches et les rochers
et convalles depressas,	et les vallées abaissées (basses),
non ad tuos ortus, Eure,	non vers ton lever, Eurus,
neque solis,	ni *vers le lever* du soleil,
in Boream Caurumque,	*mais* vers Borée et le Caurus,
aut	*ou vers les régions*
unde nigerrimus Auster	d'où le très-noir Auster
nascitur	naît
et contristat cœlum	et attriste le ciel
frigore pluvio.	d'un froid pluvieux.
Hic demum virus lentum,	Alors enfin l'humeur visqueuse,
quod pastores	que les pasteurs
dicunt hippomanes	appellent hippomane
vero nomine,	de *son* vrai nom,
destillat ab inguine;	suinte de l'aine;
hippomanes,	l'hippomane,
quod novercæ malæ	que des marâtres malfaisantes
legere sæpe,	ont cueilli souvent,
miscueruntque herbas,	et ont mélangé les herbes,
et verba non innoxia.	et des paroles non inoffensives.
Sed interea	Mais cependant
tempus fugit,	le temps fuit,
fugit irreparabile,	fuit irréparable,
dum capti amore	tandis qu'épris d'amour *pour notre sujet*
circumvectamur	nous nous-portons (promenons)-autour
singula.	de chaque *détail*.
Hoc satis	Ceci *est* (en voilà) assez
armentis.	pour les gros-troupeaux.
Superat altera pars curæ,	Reste l'autre partie du soin (sujet),
agitare greges	de faire-paître les troupeaux
lanigeros	qui-portent-de-la-laine
capellasque hirtas.	et les chèvres velues.
Hic labor:	*Que ce soit là votre* travail;
hinc sperate laudem,	de là espérez de la gloire,
fortes coloni.	vigoureux cultivateurs. [(je sais),
Nec sum dubius animi	Et je ne suis pas incertain dans *ma* pensée

Quam sit, et angustis hunc addere rebus honorem.   290
Sed me Parnasi deserta per ardua dulcis
Raptat amor : juvat ire jugis, qua nulla priorum
Castaliam ¹ molli devertitur orbita clivo.
Nunc, veneranda Pales, magno nunc ore sonandum.

    Incipiens stabulis edico in mollibus herbam   295
Carpere oves, dum mox frondosa reducitur ætas;
Et multa duram stipula filicumque maniplis
Sternere subter humum, glacies ne frigida lædat
Molle pecus, scabiemque ferat turpesque podagras.
Post, hinc digressus, jubeo frondentia capris   300
Arbuta sufficere, et fluvios præbere recentes,
Et stabula a ventis hiberno opponere soli
Ad medium conversa diem; quum frigidus olim
Jam cadit extremoque irrorat Aquarius ² anno.

    Hæ quoque non cura nobis leviore tuendæ;   305
Nec minor usus erit, quamvis Milesia ³ magno

noblement de si petites choses, et de donner quelque lustre aux hum-
bles sujets que je vais traiter; mais un doux charme m'entraîne vers
les sommets escarpés du Parnasse : je me plais à gravir ses collines,
et à chercher les sources sacrées de Castalie par des routes où nul
poëte, avant moi, n'a laissé la trace de ses pas. Viens donc, ô vénérable Palès, viens; c'est maintenant que je dois élever la voix.

    Et d'abord, que tes brebis, enfermées sous le doux couvert de
leurs étables, y soient nourries d'herbage jusqu'au retour du printemps et de la verdure; qu'on étende sous elles une épaisse litière de
paille et de fougère, de peur que la dureté du sol et le froid n'in-
commodent ces animaux délicats, et ne leur apportent les tristes maux
de l'hiver, la gale et la goutte; je veux aussi que tes chèvres ne
manquent ni de feuilles d'arbousier, ni d'eau fraîche; que leur étable, à l'abri du souffle piquant de l'Aquilon, soit exposée aux doux
soleils d'hiver, quand le Verseau, prêt à quitter les cieux, assombrit
et noie encore de ses froides pluies les derniers jours de l'année.

    Les chèvres exigent de nous autant de soins que les brebis, et leur
utilité n'est pas moindre, bien qu'elles ne donnent pas cette précieuse

quam sit magnum	combien il est grand (difficile)
vincere ea	de venir-à-bout-d'*exprimer* ces *choses*
verbis,	par les mots,
et addere hunc honorem	et d'ajouter (de donner) cet honneur (éclat)
rebus angustis.	à un sujet resserré.
Sed dulcis amor raptat me	Mais un doux amour entraîne moi
per deserta ardua	à-travers les solitudes ardues
Parnasi :	du Parnasse :
juvat ire jugis,	il *me* plaît d'aller sur les collines,
qua nulla orbita priorum	par-où nulle ornière des *poëtes* précédents
devertitur Castaliam	ne se-dirige vers Castalie
clivo molli.	par une pente douce.
Nunc,	*C'est* maintenant,
veneranda Pales,	vénérable Palès,
nunc sonandum	*c'est* maintenant *qu'*il faut chanter
magno ore.	avec une grande voix (sur un ton élevé).
Incipiens edico	Commençant (d'abord) j'ordonne
oves carpere herbam	les brebis brouter (manger) l'herbe
in stabulis mollibus,	dans les étables molles,
dum mox ætas frondosa	jusqu'à ce que bientôt la saison feuillue
reducitur ;	est (soit) ramenée ;
et sternere subter	et de joncher par-dessous *elles*
humum duram	la terre dure
stipula multa	d'une paille abondante
maniplisque filicum,	et de bottes de fougères,
ne glacies frigida	de peur que la glace froide
lædat pecus molle,	ne nuise au troupeau délicat,
feratque scabiem	et ne *lui* apporte la gale
podagrasque turpes.	et les tumeurs-des-pieds difformes.
Post, digressus hinc,	Ensuite, passant d'ici *à un autre précepte*,
jubeo sufficere capris	j'ordonne de présenter aux chèvres
arbuta frondentia,	des arbousiers feuillus,
et præbere fluvios recentes,	et de *leur* donner des eaux fraîches,
et opponere stabula	et d'exposer les étables
soli hiberno	au soleil d'-hiver
conversa a ventis	détournées des vents
ad medium diem ;	vers le-milieu du jour (vers le midi),
quum olim	jusqu'à ce qu'un-jour (jusqu'au jour où)
frigidus Aquarius	le froid Verseau
cadit jam,	se-couche déjà,
irroratque	et tombe-en-rosée
extremo anno.	à-l'extrémité (la fin)-de l'année.
Hæ quoque	Celles-ci (les chèvres) aussi
non tuendæ nobis	ne *sont* pas à-protéger (soigner) à nous
cura leviore ;	avec un soin plus léger (moindre) ;
nec usus erit minor,	et l'utilité *d'elles* ne sera pas moindre,
quamvis vellera Milesia,	bien que les toisons de-Milet,

Vellera mutentur, Tyrios incocta rubores.
Densior hinc soboles, hinc largi copia lactis.
Quam magis¹ exhausto spumaverit ubere mulctra,
Læta magis pressis manabunt flumina mammis.   31
Nec minus interea barbas incanaque menta
Cinyphii tondent hirci², setasque comantes,
Usum in castrorum, et miseris velamina nautis.
Pascuntur vero silvas, et summa Lycæi,
Horrentesque rubos, et amantes ardua dumos;   315
Atque ipsæ memores redeunt in tecta, suosque
Ducunt, et gravido superant vix ubere limen.
Ergo omni studio glaciem ventosque nivales,
Quo minor est illis curæ mortalis egestas,
Avertes; victumque feres et virgea lætus   320
Pabula, nec tota claudes fœnilia bruma.
    At vero, Zephyris quum læta vocantibus æstas
In saltus utrumque gregem atque in pascua mittet,
Luciferi primo cum sidere frigida rura

toison de Milet à laquelle la pourpre de Tyr ajoute un si grand prix;
mais leurs enfants sont plus nombreux et leur lait est une source
intarissable : plus tu épuises la liqueur mousseuse de leurs mamelles,
plus le flot abondant ruisselle sous la main avare qui les presse. Cependant les bergers n'en tondent pas moins la barbe blanchissante
des boucs de Libye. On fait avec ces longs poils soyeux des tissus à
l'usage des soldats, de grossiers vêtements pour les pauvres matelots.
Les chèvres aiment à paître dans les bois, sur les hauts sommets, où
elles broutent la ronce épineuse et les buissons, qui se plaisent sur
les lieux escarpés. Le soir, elles savent revenir d'elles-mêmes au
bercail, y ramènent leurs chevreaux, et elles sont alors si chargées
de lait qu'à peine peuvent-elles franchir le seuil de la porte. Sois
d'autant plus attentif à les garantir du froid et des vents glacés
qu'elles sont elles-mêmes moins prévoyantes pour leurs propres be-
soins. Fournis donc abondamment l'étable d'herbe et de feuillages,
et que l'hiver entier tes greniers à foin leur soient ouverts.
    Mais aussitôt que, rappelé par les Zéphyrs, l'été sera revenu, en-
voie tes brebis dans les pâturages et tes chèvres dans les bois. Qu'elles
s'emparent de la campagne dès que paraît l'astre de Lucifer, quand

incocta
rubores Tyrios,
mutentur magno.
Hinc
soboles densior,
hinc
copia lactis largi.
Quam magis
mulctra spumaverit
ubere exhausto,
flumina magis læta
manabunt
mammis pressis.
Nec tondent minus
interea
barbas mentaque incana
hirci Cinyphii,
setasque comantes,
in usum castrorum,
et velamina
miseris nautis.
Pascuntur vero silvas,
et summa Lycæi,
rubosque horrentes,
et dumos
amantes ardua;
atque ipsæ memores
redeunt in tecta,
ducuntque suos,
et superant vix limen
ubere gravido.
Ergo avertes
omni studio
glaciem ventosque nivales,
quo egestas curæ mortalis
est minor illis;
lætusque
feres victum
et pabula virgea,
nec claudes fœnilia
tota bruma.
At vero,
quum Zephyris vocantibus
æstas læta
mittet utrumque gregem
in saltus atque in pascua,
cum primo sidere Luciferi

imprégnées-par-la-cuisson
des couleurs-rouges de-Tyr,
s'échangent à grand *prix*.
De là (des chèvres)
naît une race plus serrée (nombreuse),
de là (d'elles) *est obtenue*
une grande-quantité d'un lait abondant.
D'autant plus
la traite aura écumé
leur sein étant épuisé,
des ruisseaux d'autant plus féconds
couleront
de *leurs* mamelles pressées.
Et *les bergers* n'en tondent pas moins
cependant
la barbe et le menton blanc
du bouc du-Cinyps,
et *ses* poils soyeux,
pour l'usage des camps (des soldats),
et *pour* vêtements
aux malheureux matelots.
Mais elles broutent les forêts,
et les sommets du Lycée,
et les buissons épineux,
et les broussailles
qui-aiment les *lieux* élevés;
et *d'*elles-mêmes se-souvenant
elles reviennent à la demeure,
et conduisent (ramènent) leurs *petits*,
et franchissent avec-peine le seuil
avec *leur* mamelle pesante.
Donc tu écarteras *d'elles*
avec tout soin *possible*
la glace et les vents de-neige,
d'autant-que le besoin du soin des-hommes
est moindre à elles;
et joyeux (avec empressement)
tu *leur* apporteras la nourriture
et des fourrages d'-osier,
et tu ne fermeras pas les greniers-à-foin
de tout l'hiver.
Mais au-contraire,
lorsque les Zéphyrs invitant *les troupeaux*
l'été riant
enverra l'un-et-l'autre troupeau
dans les bois et dans les pâturages,
avec le premier astre (au lever) de Lucifer

Carpamus, dum mane novum, dum gramina canent,   325
Et ros in tenera pecori gratissimus herba.
Inde, ubi quarta sitim cœli collegerit hora [1],
Et cantu querulæ rumpent arbusta cicadæ,
Ad puteos aut alta greges ad stagna jubeto
Currentem ilignis potare canalibus undam;   330
Æstibus at mediis umbrosam exquirere vallem,
Sicubi magna Jovis antiquo robore quercus
Ingentes tendat ramos, aut sicubi nigrum
Ilicibus crebris sacra nemus accubet umbra [2];
Tum tenues dare rursus aquas, et pascere rursus   335
Solis ad occasum, quum frigidus aera Vesper
Temperat, et saltus reficit jam roscida luna,
Littoraque alcyonen resonant, acalanthida dumi.
      Quid tibi pastores Libyæ, quid pascua versu
Prosequar, et raris habitata mapalia [3] tectis?   340

le frais matin vient d'éclore, que de légers frimas blanchissent les prairies, et que la rosée, si agréable aux troupeaux, brille encore sur l'herbe tendre. Vers la quatrième heure du jour, quand tout languit de soif et que la cigale fait retentir les bocages de sa plainte importune, conduis tes troupeaux aux sources voisines, ou bien à ces abreuvoirs où l'eau des profonds étangs est amenée par de longs canaux de bois. A midi, abrite-les contre la chaleur, dans quelque fraîche vallée, sous l'antique tronc d'un grand chêne, étendant au loin ses rameaux, et encore dans ces ténébreuses forêts d'yeuses qui prolongent dans la plaine leur ombre immense et révérée. Que ton troupeau paisse et s'abreuve de nouveau au coucher du soleil, à l'heure où l'étoile du soir ramène un peu de fraîcheur dans l'air, où la lune, qui va semant la rosée, ranime déjà les bois, où tout se réveille et chante, les alcyons sur les rivages, les rossignols dans les buissons.

      Parlerai-je des pasteurs de la Libye, de l'étendue de leurs pacages, de leurs rares cabanes semées çà et là dans les champs? Sou-

carpamus	saisissons (entrons dans)
rura frigida,	les campagnes fraîches,
dum mane	tandis que le matin
novum,	*est* nouveau (vient de paraître),
dum gramina canent,	tandis que le gazon est-blanc *par la gelée*,
et ros gratissimus pecori	et *que* la rosée très-agréable au troupeau
in herba tenera.	*est* sur l'herbe tendre.
Inde, ubi quarta hora cœli	Puis, quand la quatrième heure du ciel
collegerit sitim,	aura rassemblé (fait naître) la soif,
et cicadæ querulæ	et *que* les cigales plaintives
rumpent arbusta cantu,	feront-retentir les bocages de *leur* chant,
jubeto greges	ordonne les troupeaux
ad puteos aut ad stagna alta	près des puits ou près des étangs profonds
potare undam currentem	boire l'eau qui-court (coule)
canalibus ilignis ;	dans des conduits faits-d'yeuse ;
at mediis æstibus	mais (puis) au-milieu-de la chaleur
exquirere	rechercher
vallem umbrosam,	une vallée ombragée,
sicubi	si-quelque-part (les endroits où)
magna quercus Jovis	le grand chêne de Jupiter
robore antiquo	au tronc antique
tendat ingéntes ramos,	étend *ses* vastes rameaux,
aut sicubi	ou si-quelque-part (les endroits où)
nemus nigrum	un bois noir
ilicibus crebris	par des yeuses en-grand-nombre
accubet umbra	se-couche par *son* ombre (étend son om-
sacra ;	sacrée ; [bre)
tum dare rursus	puis *ordonne* de *leur* donner de-nouveau
aquas tenues,	des eaux limpides,
et pascere rursus	et de *les* faire-paître de-nouveau
ad occasum solis,	vers le coucher du soleil,
quum frigidus Vesper	alors-que la fraîche étoile-du-soir
temperat aera,	adoucit *la chaleur de* l'air,
et luna roscida	et *que* la lune qui-répand-la-rosée
reficit jam saltus,	ranime déjà les bois,
littoraque resonant	et *que* les rivages retentissent
alcyonen,	*du chant* de l'alcyon,
dumi acalanthida.	les buissons *du chant* du chardonneret.
Quid	Pourquoi
prosequar tibi	poursuivrais-je (mentionnerais-je) à toi
versu	dans *mon* vers
pastores Libyæ,	les pasteurs de la Libye,
quid	pourquoi *te mentionnerais-je*
pascua,	les pâturages *de Libye*,
et mapalia habitata	et les huttes habitées *par ces pasteurs*
tectis raris ?	sous des toits rares (épars) ?
Sæpe diem noctemque,	Souvent jour et nuit,

Sæpe diem noctemque, et totum ex ordine mensem,
Pascitur itque pecus longa in deserta sine ullis
Hospitiis : tantum campi jacet! Omnia secum
Armentarius Afer agit, tectumque, Laremque,
Armaque, Amyclæumque canem, Cressamque pharetram. 345
Non secus ac patriis acer Romanus in armis ¹
Injusto sub fasce viam quum carpit, et hosti
Ante exspectatum positis stat in agmine castris.
   At non, qua Scythiæ gentes Mæoticaque unda,
Turbidus et torquens flaventes Ister arenas,   350
Quaque redit medium Rhodope porrecta sub axem.
Illic clausa tenent stabulis armenta; neque ullæ
Aut herbæ campo apparent, aut arbore frondes :
Sed jacet aggeribus niveis informis et alto
Terra gelu late, septemque assurgit in ulnas.   355
Semper hiems, semper spirantes frigora Cauri.
Tum sol pallentes haud unquam discutit umbras,
Nec quum invectus equis altum petit æthera, nec quum

vent, jour et nuit, et quelquefois des mois entiers, ils tiennent les
pâtis, et laissent leurs troupeaux errer au hasard et sans abri, à travers les solitudes, tant la plaine est immense! Le pâtre africain
traîne tout avec lui, sa cabane, ses Pénates, ses armes, et son chien
d'Amyclée, et son carquois de Crète. Ainsi le soldat romain, en-
flammé par l'amour de la patrie, marche léger sous sa pesante ar-
mure, se présente devant l'ennemi et plante devant lui ses pavillons.

   Il n'en est pas ainsi dans les régions habitées par les Scythes,
sur les bords du Palus-Méotide, dans les contrées où l'Ister roule un
sable jaune dans ses flots troublés, et où le Rhodope revient sur lui-
même, après avoir déployé sa chaîne jusque sous le pôle. Là, les pasteurs tiennent leurs troupeaux renfermés dans l'étable; là, les champs
sont sans herbe, les arbres sans feuillage; la terre s'y montre partout affreusement hérissée de grands amas de neige, et dort sous des
couches de glace de sept coudées. Toujours l'hiver, toujours le
Caurus soufflant la froidure. Là jamais le soleil ne dissipe les pâles
vapeurs de la brume, soit que ses rapides coursiers le portent au

et totum mensem	et tout le mois
ex ordine,	par file (consécutivement),
pecus pascitur	le troupeau paît
itque in deserta longa	et va dans des déserts étendus
sine ullis hospitiis :	sans aucun abri :
tantum campi	tant de champ (de si vastes plaines)
jacet !	est-situé (s'étendent au loin)!
Armentarius Afer	Le pâtre Africain
agit omnia secum,	emmène tout avec-lui,
tectumque, Laremque,	et *son* toit (sa cabane), et *son dieu* Lare,
armaque,	et *ses* armes,
canemque Amyclæum,	et *son* chien d'-Amyclée,
pharetramque Cressam.	et *son* carquois de-Crète.
Non secus ac	Non autrement que
quum Romanus acer	lorsque le Romain actif
in armis patriis	dans les armes (armées) de-la-patrie
carpit viam	prend (fait) *sa* route
sub fasce injusto,	sous un faix excessif,
et ante exspectatum	et avant *que* étant (avant d'être) attendu
stat hosti in agmine,	se-tient devant l'ennemi en corps,
castris positis.	un camp étant établi.
At non,	Mais *il n'en est* pas *ainsi*,
qua	*dans les pays* où *sont*
gentes Scythiæ,	les nations de la Scythie,
undaque Mæotica,	et l'onde Méotide (du Palus-Méotide),
et Ister turbidus	et l'Ister trouble
torquens arenas flaventes,	roulant des sables jaunes,
quaque Rhodope	et où le Rhodope
porrecta sub axem medium	étendu sous l'axe à-son-milieu
redit.	revient (se rapproche de nous).
Illic tenent armenta	Là ils tiennent les troupeaux
clausa stabulis ;	enfermés dans les étables ;
neque apparent ullæ	et *là* n'apparaissent aucunes (nulle part)
aut herbæ campo,	ou herbes dans la plaine,
aut frondes arbore :	ou feuilles sur l'arbre :
sed terra jacet late	mais la terre s'étend au-loin
informis aggeribus niveis	affreuse par des tas de-neige
et gelu alto,	et par une glace haute,
assurgitque	et s'élève *par ces monceaux*
in septem ulnas.	à sept coudées.
Semper hiems,	Toujours l'hiver,
semper Cauri	toujours les Caurus
spirantes frigora.	soufflant le froid.
Tum	De-plus
sol haud discutit unquam	le soleil n'y dissipe jamais
umbras pallentes,	les ombres pâles (la pâle obscurité),
nec quum invectus equis	ni lorsque porté-sur *ses* chevaux (son char)

Præcipitem Oceani rubro lavit æquore currum.
Concrescunt subitæ currenti in flumine crustæ, 360
Undaque jam tergo ferratos sustinet orbes,
Puppibus illa prius patulis, nunc hospita plaustris;
Æraque dissiliunt vulgo, vestesque rigescunt
Indutæ, cæduntque securibus humida vina,
Et totæ solidam in glaciem vertere lacunæ, 365
Stiriaque impexis induruit horrida barbis.
Interea toto non secius aere ningit :
Intereunt pecudes; stant circumfusa pruinis
Corpora magna boum; confertoque agmine cervi
Torpent mole nova, et summis vix cornibus exstant. 370
Hos non immissis canibus, non cassibus ullis,
Puniceæve agitant pavidos formidine pennæ [1] ;
Sed frustra oppositum trudentes pectore montem
Cominus obtruncant ferro, graviterque rudentes
Cædunt, et magno læti clamore reportant. 375

plus haut des airs, soit que son char se plonge dans l'Océan, qu'il teint de ses feux. Là, souvent, une croûte épaisse de glace enchaîne subitement le cours des fleuves; bientôt la roue presse de son cercle de fer la surface solide de cette onde qui, il y a un moment, s'ouvrait hospitalière aux navires, et qui porte les chars maintenant. L'airain éclate et se fend; les habits se roidissent sur le corps; on coupe avec la hache le vin saisi par la gelée; les eaux dormantes ne sont plus qu'un bloc, et la barbe même se hérisse de glaçons. Cependant la neige ne cesse de tomber; les brebis périssent; les grands corps des bœufs gisent çà et là, ensevelis sous les frimas, et les cerfs, se pressant en vain les uns contre les autres, s'engourdissent, tombent aussi à leur tour, et percent à peine, du haut de leur ramure, les masses glacées qui les accablent. Il ne faut alors, pour les prendre, ni lancer des chiens à leur poursuite, ni tendre des filets, ni décocher la flèche empennée; on les frappe de près avec le fer, tandis qu'ils s'efforcent d'écarter ces montagnes de neige qui les emprisonnent; en vain ils bramen d'une voix plaintive, les chasseurs les tuent et les emportent en poussant de grands cris de joie.

petit æthera altum,	il gagne l'éther élevé,
nec quum lavit	ni lorsqu'il baigne
æquore rubro Oceani	dans la plaine rouge de l'Océan
currum præcipitem.	son char qui-se-précipite.
Crustæ subitæ concrescunt	Des croûtes subites de glace se-prennent
in flumine currenti,	dans le fleuve courant (qui coule),
jamque	et déjà (bientôt)
unda sustinet tergo	l'eau supporte sur son dos (à sa surface)
orbes ferratos,	des cercles (roues) garnis-de-fer,
illa hospita prius	elle (l'eau) hospitalière auparavant
puppibus patulis,	aux poupes larges,
nunc plaustris;	maintenant aux chariots;
æraque dissiliunt vulgo,	et l'airain éclate fréquemment;
vestesque indutæ rigescunt,	et les habits revêtus se-roidissent,
cæduntque securibus	et ils fendent avec des haches
vina humida,	le vin qui-coule d'ordinaire,
et lacunæ totæ	et les fossés (étangs) tout-entiers
vertere in glaciem solidam,	se-sont changés en une glace compacte,
stiriaque horrida	et la goutte d'eau devenant rude
induruit -	s'est durcie
barbis impexis.	dans leurs barbes non-peignées.
Interea	Cependant
non ningit secius	il ne neige pas moins
aere toto :	de l'air tout-entier :
pecudes intereunt;	les brebis périssent;
magna corpora boum	les grands corps de bœufs
stant	se-tiennent
circumfusa pruinis;	tout-entourés de frimas (de neige);
cervique agmine conferto	et les cerfs en troupe réunie
torpent	sont engourdis
mole nova,	sous une masse récente de neige,
et exstant	et dépassent
vix summis cornibus.	à-peine du-sommet-de leurs cornes.
Non agitant	Ils ne poursuivent pas
hos pavidos	ceux-ci (les cerfs) effrayés
canibus immissis,	avec les chiens lancés,
non ullis cassibus,	ils ne les poursuivent pas avec des toiles,
formidineve	ou par l'épouvante
pennæ puniceæ;	de la plume rouge;
sed obtruncant	mais ils les égorgent
ferro cominus	avec le fer de-près [poitrail
trudentes frustra pectore	heurtant (poussant) vainement de leur
montem oppositum,	la montagne de neige placée-devant eux,
cæduntque	et ils les tuent
rudentes graviter,	hurlant fortement,
et læti reportant	et joyeux ils les rapportent
magno clamore.	avec de grands cris.

Ipsi in defossis specubus secura sub alta
Otia agunt terra, congestaque robora totasque
Advolvere focis ulmos, ignique dedere.
Hic noctem ludo ducunt, et pocula læti [1]
Fermento atque acidis imitantur vitea sorbis.   380
Talis Hyperboreo septem subjecta trioni
Gens effrena virum Rhiphæo tunditur Euro,
Et pecudum fulvis velantur corpora setis.

  Si tibi lanicium curæ, primum aspera silva,
Lappæque tribulique absint; fuge pabula læta;   385
Continuoque greges villis lege mollibus albos.
Illum autem, quamvis aries sit candidus ipse,
Nigra subest udo tantum cui lingua palato,
Rejice, ne maculis infuscet vellera pullis
Nascentum, plenoque alium circumspice campo.   390
Munere sic niveo lanæ, si credere dignum est,
Pan, deus Arcadiæ, captam te, Luna, fefellit,
In nemora alta vocans : nec tu adspernata vocantem.

Ces peuples sauvages se retirent dans de profondes cavernes qu'ils se creusent sous terre, et ils vivent là oisifs et tranquilles; ils roulent, ils entassent sur leurs foyers des chênes, des ormes tout entiers qu'ils livrent aux flammes; ils passent les nuits à jouer et à boire d'une liqueur piquante faite de froment et de fruits sauvages, seul vin de ces déserts. Ainsi vivent, sans police et sans lois, sans cesse battus des vents du Riphée et n'ayant pour vêtement que la peau des bêtes fauves, ces peuples que la nature exila sous les glaces de l'Ourse.

  Si tu veux avoir de belles laines, écarte ton troupeau des forêts épineuses, de la bardane et du chardon; écarte-le également des pâturages trop gras; ne le compose que de brebis dont la toison soit blanche et fine, et quant à ton bélier, si blanche que soit la sienne, rejette-le s'il a la langue noire, de peur qu'il n'entache de cette couleur les enfants qui naîtraient de lui; tu dois chercher dans les bergeries de la plaine un autre père à tes agneaux. O Diane! s'il est permis de le croire, ce fut par l'éclat éblouissant de sa blanche toison que Pan, dieu d'Arcadie, abusa de ta crédulité; il t'appela au fond des bois, et tu ne dédaignas pas de l'y suivre.

Ipsi in specubus defossis
agunt otia secura
sub terra alta,
advolvereque focis
robora congesta
ulmosque totas,
dedereque igni.
Hic ducunt noctem ludo,
et læti
imitantur pocula vitea
fermento
atque sorbis acidis.
Talis gens effrena
virum
subjecta Septemtrioni
Hyperboreo
tunditur Euro Rhiphæo,
et corpora velantur
setis fulvis pecudum.

Si lanicium curæ tibi,
primum silva aspera,
lappæque tribulique
absint;
fuge pabula læta;
continuoque lege greges
albos villis mollibus.
Quamvis autem aries
sit candidus ipse,
rejice illum,
cui tantum
lingua nigra
subest palato udo,
ne infuscet
maculis pullis
vellera nascentum,
circumspiceque
alium
campo pleno.
Sic munere
niveo
lanæ,
si est dignum credere,
Pan, deus Arcadiæ,
fefellit te captam, Luna,
vocans in nemora alta:
nec tu adspernata
vocantem.

Eux-mêmes dans des cavernes creusées
ils passent des loisirs sans-souci
sous la terre profonde,
et ont approché (approchent) des foyers
des rouvres entassés
et des ormes tout-entiers,
et *les* ont livrés (les livrent) au feu.
Là ils passent la nuit dans le jeu,
et joyeux
ils imitent la boisson de-la-vigne
avec de la cervoise
et des sorbes acides.
Telle *cette* race sans-frein (farouche)
d'hommes
placée-sous le Septentrion
Hyperboréen
est battue par l'Eurus du-Rhiphée,
et *leurs* corps sont couverts
des poils fauves du bétail.

Si le lainage *est* à souci à toi,
d'abord que *toute* forêt épineuse,
et les bardanes et les tribules
soient-absents *du lieu où tu sers;*
fuis les pâturages gras;
et toujours choisis des troupeaux
blancs par *leurs* toisons molles.
Mais quoique le bélier
soit blanc lui-même,
rejette celui-là,
auquel seulement
une langue noire
est-sous le palais humide,
de peur qu'il n'obscurcisse
de taches sombres
les toisons des *brebis* naissantes,
et regarde-tout-autour
pour en chercher un autre
dans le champ rempli *de bétail.*
C'est ainsi *que* par le bienfait (l'avantage)
d'une-blancheur-de-neige
de la laine,
s'il est convenable de *le* croire,
Pan, dieu d'Arcadie,
trompa toi éprise, *ô* Lune,
*t'*appelant dans les forêts profondes :
et tu ne dédaignas pas *lui*
qui-*t'*appelait.

At, cui lactis amor, cytisum lotosque frequentes
Ipse manu salsasque ferat præsepibus herbas.   395
Hinc et amant fluvios magis, et magis ubera tendunt,
Et salis occultum referunt in lacte saporem.
Multi jam excretos prohibent a matribus hædos,
Primaque ferratis præfigunt ora capistris.
Quod surgente die mulsere, horisque diurnis,   400
Nocte premunt; quod jam tenebris et sole cadente,
Sub lucem exportans calathis adit oppida pastor,
Aut parco sale contingunt, hiemique reponunt.
    Nec tibi cura canum fuerit postrema; sed una
Veloces Spartæ catulos, acremque Molossum   405
Pasce sero pingui : nunquam custodibus illis
Nocturnum stabulis furem, incursusque luporum,
Aut impacatos a tergo horrebis Iberos.
Sæpe etiam cursu timidos agitabis onagros,
Et canibus leporem, canibus venabere damas;   410
Sæpe volutabris pulsos silvestribus apros
Latratu turbabis agens, montesque per altos

Si tu aimes mieux tirer du lait de tes troupeaux, porte toi-même
à tes brebis et le cytise et le lotus; sème de sel leur herbage; le sel
irrite leur soif, leurs mamelles se gonflent davantage, et leur lait re-
tient quelque chose de sa piquante saveur. Plusieurs séparent de
leurs mères les chevreaux déjà forts et arment leur bouche d'une
muselière à pointes de fer. Le lait qu'on a tiré, soit le matin, soit
pendant le jour, ils le font épaissir pendant la nuit; celui qu'on a
tiré le soir, au coucher du soleil, le berger le porte à la ville à la
pointe du jour, ou bien on l'assaisonne d'un peu de sel et on le met
en réserve pour l'hiver.

    Que tes chiens ne soient pas le dernier objet de tes soins : le limier
de Sparte, si rapide à la course, et le dogue vigilant d'Épire, veulent
être nourris d'une pâte pétrie de petit-lait. Jamais, avec ces gardiens
fidèles, tu n'auras à craindre, pour tes bergeries, ni le voleur de
nuit, ni le loup affamé, ni les surprises du perfide Ibère; souvent,
avec eux, tu forceras les timides onagres; tu courras tantôt le liè-
vre et tantôt le daim; souvent aussi, aux aboiements de ta meute,
tu relanceras le sanglier dans sa bauge, ou, sur les hautes monta-

At, cui amor lactis, | Mais, *que celui* à qui *est* l'amour du lait,
ipse ferat manu præsepibus | lui-même apporte de *sa* main aux crèches
cytisum lotosque | le cytise et des lotus
frequentes | en-abondance
herbasque salsas. | et des herbes salées.
Hinc et amant magis | De là *les brebis* et aiment davantage
fluvios, | les eaux,
et tendunt magis | et tendent (gonflent) davantage
ubera, | *leurs* mamelles,
et referunt in lacte | et reproduisent dans le lait
saporem occultum salis. | la saveur cachée du sel.
Multi prohibent a matribus | Beaucoup écartent de *leurs* mères
hædos jam excretos, | les chevreaux déjà grandis,
præfiguntque | et garnissent
prima ora | le bout-de *leurs* têtes (leurs mufles)
capistris ferratis. | avec des muselières à-pointes-de-fer.
Quod mulsere | *Le lait* qu'ils ont trait
die surgente, | au jour levant,
horisque diurnis, | et dans les heures du-jour,
premunt nocte; | ils *le* pressent (le font cailler) la nuit;
quod jam tenebris | *celui* qu'*ils ont trait* déjà dans les ténèbres
et sole cadente, | et au soleil tombant (couchant),
sub lucem | à-l'approche-de la lumière (du jour)
pastor exportans calathis | le berger *l*'emportant dans des corbeilles
adit oppida, | se-rend-à la ville,
aut contingunt | ou-bien ils *le* mélangent
sale parco, | de sel en-petite-quantité,
reponuntque hiemi. | et *le* mettent-de-côté pour l'hiver.
Nec cura canum | Et que le soin des chiens
fuerit tibi postrema; | ne soit pas à toi le dernier;
sed pasce sero pingui | mais nourris de petit-lait gras
una catulos veloces Spartæ, | à-la-fois les chiens agiles de Sparte,
Molossumque acrem: | et le Molosse actif (vigilant):
nunquam illis custodibus | jamais avec ces gardiens
horrebis stabulis | tu ne craindras pour *tes* étables
furem nocturnum, | un voleur de-nuit,
incursusque luporum, | et (ni) les attaques des loups,
aut Iberos impacatos | ou (ni) les Ibères non-pacifiés
a tergo. | *venant* par derrière (à l'improviste).
Sæpe etiam agitabis cursu | Souvent aussi tu poursuivras à la cours
onagros timidos, | les onagres timides,
et canibus | et avec *tes* chiens
venabere leporem, | tu chasseras le lièvre,
canibus damas; | avec *tes* chiens *tu chasseras* les daims;
sæpe turbabis latratu | souvent tu troubleras par *leur* aboiement
agens | *en les* poursuivant
apros pulsos | les sangliers chassés

Ingentem clamore premes ad retia cervum.

Disce et odoratam stabulis accendere cedrum,
Galbaneoque¹ agitare graves nidore chelydros.   415
Sæpe sub immotis præsepibus aut mala tactu
Vipera delituit, cœlumque exterrita fugit;
Aut tecto assuetus coluber succedere et umbræ,
Pestis acerba boum, pecorique adspergere virus,
Fovit humum. Cape saxa manu, cape robora, pastor,   420
Tollentemque minas et sibila colla tumentem
Dejice : jamque fuga timidum caput abdidit alte,
Quum medii nexus extremæque agmina caudæ
Solvuntur, tardosque trahit sinus ultimus orbes.

Est etiam ille malus Calabris in saltibus anguis²,   425
Squamea convolvens sublato pectore terga,
Atque notis longam maculosus grandibus alvum,
Qui, dum amnes ulli rumpuntur fontibus, et dum
Vere madent udo terræ ac pluvialibus Austris,

gnes, tu contraindras un grand cerf, épouvanté de tes cris, à se jeter dans tes filets.

Ne néglige pas de brûler parfois dans tes étables le cèdre odorant, et d'en chasser les reptiles avec la vapeur ardente du galbanum. Souvent l'immonde vipère se choisit sous la crèche un refuge contre la clarté du jour qui l'importune ; souvent la couleuvre, qui cherche le couvert et l'ombre de nos toits, la couleuvre, ce fléau de nos troupeaux, qu'elle infecte de son venin, se glisse en rampant dans l'étable. Berger, saisis une pierre, arme-toi d'un bâton ; le reptile se dresse menaçant, il fait siffler son cou gonflé de rage : frappe ! Déjà il a fui, déjà il a caché sa tête tremblante ; mais les cercles de son corps tortueux se déroulent encore, et les derniers plis de sa queue traînent lentement après lui sur l'arène.

On trouve aussi, dans les bois de la Calabre, un serpent fort dangereux ; ce monstre rampe fièrement, la tête haute, et déroule à longs plis son dos couvert d'écailles et son ventre marqué de grandes taches. Tant que les sources, coulant en abondance, alimentent les fleuves, tant que les terres sont trempées des pluies du printemps et de l'humide Auster, il habite les étangs et ne s'éloigne pas des ri-

volutabris silvestribus,
perque montes altos
premes clamore ad retia
ingentem cervum.
  Disce et accendere
stabulis
cedrum odoratam,
agitareque
nidore galbaneo
chelydros graves.
Sæpe sub præsepibus
immotis   ,
aut vipera mala tactu
delituit,
exterritaque fugit cœlum ;
aut coluber assuetus
succedere
tecto et umbræ,
pestis acerba boum,
adspergereque virus pecori,
fovit humum.
Cape saxa manu,
cape robora, pastor,
dejiceque
tollentem minas
et tumentem colla sibila ;
jamque fuga
abdidit alte caput timidum,
quum nexus medii
agminaque
extremæ caudæ
solvuntur,
ultimusque sinus
trahit orbes tardos.
  Est etiam
ille anguis malus
in saltibus Calabris,
convolvens terga squamea
pectore sublato,
atque maculosus
grandibus notis
alvum longam,
qui, dum ulli amnes
rumpuntur fontibus,
et dum terræ madent
vere udo
ac Austris pluvialibus,

des bauges des-forêts,
et sur les montagnes élevées
tu refouleras avec des cris vers les filets
un grand cerf.
    Apprends aussi à allumer
dans les étables
le cèdre odorant,
et à chasser
par l'odeur du-galbanum
les chélydres infects.
Souvent sous les crèches
non-remuées (non nettoyées)
ou une vipère malfaisante au toucher
s'est cachée,
et effarouchée a fui le ciel (la lumière) ;
ou la couleuvre accoutumée
à se-glisser
sous un toit et de l'ombre (un toit obscur),
fléau cruel des bœufs,
et à répandre *son* venin sur le troupeau,
a réchauffé (habite) le sol.
Prends des pierres de *ta* main,
prends des bâtons, berger,
et abats *la couleuvre*   [çante)
qui-dresse des menaces (se dresse mena-
et qui-enfle *son* cou sifflant ;
et bientôt par la fuite (en fuyant)
elle a caché profondément *sa* tête craintive,
lorsque les nœuds du-milieu
et la marche (les replis)
de-l'extrémité-de *sa* queue
sont détendus (ralentis),
et *sa* dernière sinuosité
traîne des anneaux tardifs.
    Il y a encore
ce serpent malfaisant
dans les pâturages de-Calabre,
roulant un dos écailleux
sa poitrine étant élevée,
et tacheté
de grandes marques
sur *son* ventre allongé,
qui, tant que des fleuves
jaillissent hors des sources,
et tant que les terres sont-mouillées
par le printemps humide
et les Austers pluvieux,

Stagna colit; ripisque habitans, hic piscibus atram   430
Improbus ingluviem ranisque loquacibus explet.
Postquam exhausta palus, terræque ardore dehiscunt,
Exsilit in siccum, et flammantia lumina torquens
Sævit agris, asperque siti, atque exterritus æstu.
Nec mihi tum molles sub divo carpere somnos,   435
Neu dorso nemoris libeat jacuisse per herbas,
Quum, positis novus exuviis nitidusque juventa,
Volvitur, aut catulos tectis aut ova relinquens,
Arduus ad solem, et linguis micat ore trisulcis '.

    Morborum quoque te causas et signa docebo.   440
Turpis oves tentat scabies, ubi frigidus imber
Altius ad vivum persedit, et horrida cano
Bruma gelu ; vel quum tonsis illotus adhæsit
Sudor, et hirsuti secuerunt corpora vepres.
Dulcibus idcirco fluviis pecus omne magistri   445
Perfundunt, udisque aries in gurgite villis

vages. Là son insatiable faim engloutit les poissons et les grenouilles
coassantes ; mais quand l'été brûlant a partout desséché les marais
et fendu les terres, il s'élance sur le sol aride, et, dévoré d'une soif
ardente, rendu furieux par la chaleur, il roule des yeux enflammés
et répand au loin la terreur dans les campagnes. Me préservent les
dieux de m'abandonner en plein air au doux sommeil, de me coucher sur l'herbe à l'ombre des bois, lorsque, paré d'une peau nouvelle et brillant de jeunesse, il reprend sur la terre sa marche tor
tueuse, et que, laissant dans son repaire ses œufs ou ses petits, il se
dresse au soleil et darde sa triple langue !

Je t'expliquerai maintenant les causes et les signes des maladies
qui affligent les troupeaux. Souvent une gale honteuse infecte les
brebis, quand une froide pluie ou le dard aigu de la gelée blanche
les ont pénétrées jusqu'au vif, ou bien quand, nouvellement tondues,
elles retiennent une sueur mal essuyée, ou enfin quand les ronces et
les épines ont entamé leur peau. Pour prévenir le mal, les bergers
baignent le troupeau dans l'eau douce des rivières, et plongent, dans
l'endroit le plus profond, le bélier qui, avec sa toison abondamment

colit stagna ;
habitansque ripis,
hic improbus
explet ingluviem atram
piscibus
ranisque loquacibus.
Postquam palus exhausta,
terræque
dehiscunt ardore,
exsilit in siccum, -
et torquens
lumina flammantia
sævit agris,
asperque siti,
atque exterritus æstu.
Nec libeat mihi
carpere molles somnos
sub divo,
neu jacuisse
dorso nemoris
per herbas,
tum quum novus,
exuviis
positis,
nitidusque juventa
volvitur,
relinquens tectis
aut catulos aut ova,
arduus ad solem,
et micat ore
linguis trisulcis.
  Docebo quoque te
causas
et signa morborum.
Scabies turpis tentat oves,
ubi imber frigidus,
et bruma horrida gelu cano
persedit altius ad vivum ;
vel quum sudor illotus
adhæsit tonsis,
et vepres hirsuti
secuerunt corpora.
Idcirco magistri
perfundunt omne pecus
fluviis dulcibus,
ariesque mersatur
in gurgite

fréquente les étangs ;
et habitant sur les rives,
là avide
il assouvit *sa* voracité cruelle
avec les poissons
et les grenouilles babillardes.
Après que le marais *est* épuisé (desséché),
et *que* les terres
s'entr'ouvrent par la chaleur,
il s'élance dans le *lieu* sec,
et roulant
des yeux flamboyants
il exerce-sa-rage dans les champs,
et furieux par la soif,
et effarouché par la chaleur.
Et qu'il ne plaise pas à moi
de goûter un doux sommeil
sous le ciel (en plein air),
ni de m'étendre
sur le dos (le terrain en pente) d'un bois
au-milieu des herbes,
alors que nouveau (renouvelé),
ses dépouilles (son ancienne peau)
étant déposées,
et brillant de jeunesse
il se-roule,
laissant dans *sa* demeure
ou *ses* petits ou *ses* œufs,
dressé vers le soleil,
et s'agite dans *sa* bouche
avec *sa* langue à-trois-pointes (triple).
  J'enseignerai aussi à toi
les causes
et les signes (symptômes) des maladies
La gale hideuse attaque les brebis,
quand la pluie froide,
et l'hiver âpre par *sa* gelée blanche
a pénétré trop profondément jusqu'au vif;
ou lorsque la sueur non-lavée
s'est collée à *elles* tondues,
et *que* les buissons aigus
ont déchiré *leurs* corps.
Pour-cela les maîtres (les bergers)
baignent tout le troupeau
dans des eaux douces,
et le bélier est plongé
dans le gouffre

Mersatur, missusque secundo defluit amni;
Aut tonsum tristi contingunt corpus amurca,
Et spumas miscent argenti, vivaque sulphura,
Idæasque pices, et pingues unguine ceras,   450
Scillamque, elleborosque graves, nigrumque bitumen.
Non tamen ulla magis præsens fortuna laborum est
Quam si quis ferro potuit rescindere summum
Ulceris os : alitur vitium, vivitque tegendo,
Dum medicas adhibere manus ad vulnera pastor   455
Abnegat, et meliora deos sedet omina poscens.
Quin etiam, ima dolor balantum lapsus ad ossa
Quum furit, atque artus depascitur arida febris,
Profuit incensos æstus avertere, et inter
Ima ferire pedis salientem sanguine venam :   460
Bisaltæ quo more solent, acerque Gelonus ¹,
Quum fugit in Rhodopen atque in deserta Getarum,
Et lac concretum cum sanguine potat equino.

trempée, nage en s'abandonnant au courant du fleuve; ou bien,
après la tonte, on frotte leur corps d'une mixture de marc d'huile
d'olive, de litharge, de soufre vif, de poix et de cire grasse. On y
ajoute encore le suc de l'oignon marin, l'ellébore et le bitume noir.
Mais il n'est pas de remède plus efficace que d'ouvrir, avec le fer, la
tête même de l'abcès. Plus le mal est caché, plus il s'entretient et
s'envenime, surtout si le berger néglige de porter sur la plaie la
main secourable de l'art, et si, dans sa piété stérile, il se contente
de demander le secours des dieux. Ce n'est pas tout : quand la dou-
leur a pénétré jusqu'aux os de tes brebis bêlantes, que l'ardente
fièvre dessèche et ronge leurs membres, hâte-toi de détourner ces
feux dévorants; que la veine du pied soit ouverte et laisse
échappe un jet de sang. C'est la coutume que suivent les Bisaltes et
les Gélons belliqueux, quand, fuyant sur le Rhodope ou dans les
déserts Gétiques, ils boivent du lait rougi du sang de leurs chevaux.

villis udis,	avec *ses* poils humides,
missusque	et envoyé (lâché)
defluit amni secundo ;	va-à-la-dérive dans le fleuve courant,
aut continguut	ou ils imbibent
corpus tonsum	*leur* corps tondu
amurca tristi,	de marc-d'huile amer,
et miscent spumas argenti,	et mêlent de l'écume d'argent,
sulphuraque viva ,	et du soufre vif,
picesque Idæas,	et de la résine de-l'Ida,
et ceras pingues unguine,	et des cires visqueuses de graisse,
scillamque,	et de la scille,
elleborosque graves,	et des ellébores fétides,
bitumenque nigrum.	et du bitume noir.
Tamen non ulla fortuna	Cependant aucune fortune (nul remède)
laborum	de *ces* souffrances
est magis præsens,	n'est plus efficace,
quam si quis potuit	que si quelqu'un a pu (que de pouvoir)
rescindere ferro	fendre avec le fer
os summum	la face la plus élevée (supérieure)
ulceris :	de l'ulcère :
vitium alitur,	le mal se-nourrit
vivitque tegendo,	et vit en étant couvert,
dum pastor abnegat	tant que le berger refuse
adhibere manus medicas	d'appliquer des mains médicales
ad vulnera,	aux blessures (aux plaies),
et sedet	et reste-assis (demeure tranquille)
poscens deos	demandant aux dieux
meliora omina.	de meilleurs présages.
Quin etiam,	Bien-plus encore,
quum dolor lapsus	lorsque la douleur s'étant glissée
ad ima ossa balantum	jusqu'au fond des os des brebis
furit,	exerce-sa-fureur,
atque febris arida	et *qu'*une fièvre aride (brûlante)
depascitur artus,	consume *leurs* membres,
profuit avertere	il a été (il est)-utile d'éloigner
æstus incensos,	les feux allumés (ardents) *de la fièvre,*
et ferire	et de frapper
inter ima pedis	entre *les parties* les plus basses du pied
venam	une veine
salientem sanguine :	qui-jaillit avec du sang :
more quo Bisaltæ	à la manière dont les Bisaltes
solent,	ont-l'habitude *de le faire,*
Gelonusque acer,	et *aussi* le Gélon belliqueux,
quum fugit in Rhodopen	lorsqu'il fuit vers le Rhodope
atque in deserta Getarum ,	et vers les déserts des Gètes,
et potat lac concretum	et *qu'*il boit du lait caillé
cum sanguine equino.	avec du sang de-cheval.

Quam procul aut molli succedere sæpius umbræ
Videris, aut summas carpentem ignavius herbas,   465
Extremamque sequi, aut medio procumbere campo
Pascentem, et seræ solam decedere nocti,
Continuo culpam ferro compesce, priusquam
Dira per incautum serpant contagia vulgus.
Non tam creber, agens hiemem, ruit æquore turbo   470
Quam multæ pecudum pestes : nec singula morbi
Corpora corripiunt, sed tota æstiva [1] repente,
Spemque gregemque simul, cunctamque ab origine gentem.

  Tum sciat, aerias Alpes et Norica si quis
Castella in tumulis, et Iapidis arva Timavi [2]   475
Nunc quoque post tanto videat, desertaque regna
Pastorum, et longe saltus lateque vacantes.
  Hic quondam morbo [3] cœli miseranda coorta est
Tempestas, totoque autumni incanduit æstu,

Quand tu verras quelqu'une de tes brebis se retirer souvent sous
les doux ombrages, brouter nonchalamment la pointe des herbes,
marcher la dernière du troupeau, tomber languissante en paissant
dans les champs, et revenir seule et attardée dans la nuit, hâte-toi,
et que le fer coupe le mal à la racine avant que l'horrible contagion
n'ait pu gagner tout le bercail. Les tempêtes qui soulèvent les mers
ne sont pas plus fréquentes que les fléaux divers qui attaquent les
troupeaux. Encore les maladies n'emportent pas çà et là et une à une
quelques bêtes : elles enlèvent à la fois tout ce qu'il y a de bétail dans
de vastes pacages ; les pères, les mères, les enfants, la souche et l'es-
poir de la race, tout périt.
  Il suffit, pour en juger, de parcourir les Alpes, qui s'élèvent jusqu'aux cieux, les hauteurs fortifiées du Norique, les champs Iapi-
diens qu'arrose le Timave, heureux empire de pasteurs autrefois, et
qui maintenant, même après tant d'années, n'offrent plus aux yeux
que des pâturages vides, de profondes et vastes solitudes.
  Là, sous l'influence pestilentielle de l'air, et rapidement dévelop-
pée par les chaleurs excessives de l'automne, éclata jadis une affreuse contagion qui frappa de mort et l'espèce entière des animaux

Quam videris procul	Celle-que tu auras vue de-loin
aut succedere sæpius	ou se-placer plus souvent *que les autres*
umbræ molli,	sous l'ombre molle (agréable),
aut carpentem ignavius	ou broutant plus nonchalamment
summas herbas,	le-sommet (la pointe)-des herbes,
sequique extremam,	et suivre la dernière,
aut procumbere	ou s'abattre
medio campo	au-milieu-de la plaine
pascentem,	*en* paissant,
et decedere solam	et se-retirer seule
nocti seræ,	devant la nuit tardive(tard dans la nuit)
continuo compesce culpam	aussitôt réprime la faute (arrête le mal)
ferro,	avec le fer (en l'égorgeant),
priusquam contagia dira	avant que la contagion cruelle
serpant per vulgus	se-glisse dans la troupe (le troupeau)
incautum.	qui-n'est-pas-en-garde.
Turbo, agens hiemem,	Le tourbillon, amenant la tempête,
non ruit æquore	ne s'élance pas de la mer
tam creber	aussi fréquent
quam pestes pecudum	que les pestes des brebis
multæ :	*sont* fréquentes :
nec morbi corripiunt	et les maladies ne saisissent pas
corpora singula,	des corps un-à-un,
sed repente	mais *saisissent* subitement
æstiva tota,	les troupeaux tont-entiers,
spemque	et l'espoir *du troupeau* (les agneaux)
gregemque simul,	et le troupeau à-la-fois,
cunctamque gentem	et toute la race
ab origine.	depuis l'origine (les plus vieux).
Sciat tum,	*Quelqu'un le* saurait alors,
si quis videat nunc quoque	si quelqu'un voyait maintenant encore
tanto post,	un si-long *temps* après,
Alpes aerias	les Alpes aériennes
et castella Norica	et les habitations-élevées du-Norique
in tumulis,	*bâties* sur des hauteurs,
et arva Timavi Iapidis,	et les champs du Timave Iapide,
regnaque pastorum	et les royaumes des pasteurs
deserta,	déserts,
et saltus vacantes	et les pâturages vides
longe lateque.	au-long et au-large.
Hic quondam	Là autrefois
miseranda tempestas	une déplorable température
coorta est	s'éleva (naquit)
morbo cœli,	de la maladie (corruption) du ciel,
incanduitque	et s'embrasa
toto æstu autumni,	de toute l'ardeur de l'automne,
et dedit neci	et donna (livra) à la mort

Et genus omne neci pecudum dedit, omne ferarum,   480
Corrupitque lacus, infecit pabula tabo.
Nec via mortis erat simplex : sed ubi ignea venis
Omnibus acta sitis miseros adduxerat ' artus,
Rursus abundabat fluidus liquor, omniaque in se
Ossa minutatim morbo collapsa trahebat.   485
   Sæpe in honore deum medio stans hostia ad aram,
Lanea dum nivea circumdatur infula vitta,
Inter cunctantes cecidit moribunda ministros :
Aut si quam ferro mactaverat ante sacerdos,
Inde neque impositis ardent altaria fibris,   490
Nec responsa potest consultus reddere vates ;
Ac vix suppositi tinguntur sanguine cultri,
Summaque jejuna sanie infuscatur arena.
   Hinc lætis vituli vulgo moriuntur in herbis,
Et dulces animas plena ad præsepia reddunt.   495
Hinc canibus blandis rabies venit, et quatit ægros
Tussis anhela sues, ac faucibus angit obesis ².

domestiques et celle des bêtes sauvages. Son poison corrompit les lacs, infecta les pâturages. La maladie conduisait la victime au trépas par plus d'une route. D'abord un feu dévorant, s'allumant dans ses veines, contractait douloureusement ses membres ; bientôt après y ruisselait une âcre liqueur qui minait et entraînait peu à peu ses os dans une complète dissolution.

Souvent, au milieu des pompes du sacrifice, la victime qu'on allait immoler aux dieux, et déjà, au pied de l'autel, parée des bandelettes et des guirlandes sacrées, tombait expirante entre les mains des sacrificateurs, trop lents à frapper ; ou, si le prêtre, d'un coup plus prompt, l'égorgeait à temps, les flammes ne s'attachaient point aux entrailles corrompues qu'on présentait aux feux de l'autel, et le devin consulté n'en pouvait tirer de présages. A peine les couteaux se teignaient d'un peu de sang, et quelques gouttes seulement d'une liqueur livide mouillaient la superficie du sol.

Cependant les jeunes taureaux meurent en foule au sein des riants pâturages, ou viennent rendre le doux souffle de la vie devant leur crèche pleine d'herbes. Le chien si caressant est pris de la rage, et, dans les violents accès d'une toux qui secoue ses flancs, le porc sent tout à coup son haleine s'arrêter dans sa gorge tuméfiée.

omne genus pecudum,	toute la race des animaux-domestiques,
omne ferarum,	toute *celle* des bêtes-sauvages,
corrupitque lacus,	et corrompit (empoisonna) les lacs,
infecit pabula tabo.	imprégna les pâturages de poison.
Nec via mortis	Et la route de la mort [ptômes):
erat simplex :	n'était pas simple (offrait divers sym-
sed ubi sitis ignea	mais après qu'une soif de-feu
acta omnibus venis	poussée (répandue) dans toutes les veines
adduxerat	avait contracté
artus miseros,	*leurs* membres malheureux,
rursus liquor fluidus	de-nouveau (ensuite) une liqueur fluide
abundabat,	coulait-en-abondance,
trahebatque in se	et attirait à elle (s'assimilait)
omnia ossa	tous les os
collapsa minutatim	s'affaissant (rongés) peu-à-peu
morbo.	par la maladie.
Sæpe	Souvent
in medio honore	au-milieu-de l'honneur (du sacrifice)
deum	des dieux (offert aux dieux)
hostia stans ad aram,	la victime qui-se-tenait au-pied-de l'autel,
dum infula lanea	tandis que le bandeau de-laine
circumdatur	est attaché-autour d'*elle* [neige,
vitta nivea,	par la bandelette d'une-blancheur-de-
cecidit moribunda	tomba mourante
inter ministros	au-milieu des ministres
cunctantes :	qui-tardaient *à frapper* :
aut si sacerdos	ou si le prêtre
mactaverat quam ferro	*en* avait immolé quelqu'une avec le fer
ante,	avant qu'*elle tombât,*
neque altaria ardent	ni les autels ne brûlent [eux,
fibris inde impositis,	de fibres *tirées* de là (d'elle) *et* placées-sur
nec vates consultus	ni le divin consulté
potest reddere responsa ;	ne peut rendre de réponses ;
ac cultri suppositi	et les couteaux placés-sous *sa gorge*
tinguntur vix sanguine,	sont teints à-peine de sang,
summaque arena	et la-surface du sable
infuscatur sanie jejuna.	est tachée d'un pus à-jeun (peu abondant).
Hinc	De là (par suite du fléau)
vituli moriuntur vulgo	les veaux meurent en-foule
in herbis lætis,	au-milieu des herbes abondantes,
et reddunt dulces animas	et rendent *leurs* douces âmes
ad præsepia plena.	auprès des crèches pleines.
Hinc rabies venit	De là la rage vient
canibus blandis,	aux chiens caressants,
et tussis anhela	et une toux hors-d'haleine
quatit sues ægros,	secoue les porcs malades,
ac angit, faucibus obesis.	et *les* étouffe, *leur* gosier *étant* gonflé

Labitur, infelix, studiorum atque immemor herbæ,
Victor equus, fontesque avertitur, et pede terram
Crebra ferit; demissæ aures; incertus ibidem   500
Sudor, et ille quidem morituris frigidus; aret
Pellis, et ad tactum tractanti dura resistit.

Hæc ante exitium primis dant signa diebus.
Sin in processu cœpit crudescere morbus,
Tum vero ardentes oculi, atque attractus ab alto   505
Spiritus, interdum gemitu gravis, imaque longo
Ilia singultu tendunt; it naribus ater
Sanguis, et obsessas fauces premit aspera lingua.
Profuit inserto latices infundere cornu
Lenæos : ea visa salus morientibus una.   510
Mox erat hoc ipsum exitio, furiisque refecti
Ardebant, ipsique suos, jam morte sub ægra,
(Di meliora piis, erroremque hostibus illum ¹!)
Discissos nudis laniabant dentibus artus.

Abattu par une langueur mortelle, et oublieux de sa gloire, le
coursier tant de fois vainqueur succombe à son tour. Il se détourne des
fontaines, il dédaigne l'herbe des prés, et frappe fréquemment la
terre de son pied. Ses oreilles se baissent tristement sur ses tempes,
où se montre une sueur intermittente qui devient froide quand il va
mourir : sa peau sèche et rugueuse résiste à la main qui la touche.

Tels sont les symptômes de la maladie à son début ; mais si elle
s'accroît et empire, les yeux de l'animal s'enflamment ; sa respiration, comme tirée du fond des entrailles, est entrecoupée de gémis-
sements ; de longs soupirs agitent ses flancs douloureusement ten-
dus : un sang noir s'échappe de ses narines, et sa langue épaisse et
rude obstrue et comprime son gosier. On essaya d'abord, avec quelque succès, de faire avaler, à l'aide d'une corne, du vin aux chevaux
malades. Ce fut le seul remède dont on espéra leur guérison ; mais
bientôt ce remède même leur devint funeste. Leurs forces, ranimées
par ce breuvage, se changeaient en fureur, et eux-mêmes, à leurs
derniers moments, saisis d'une rage frénétique, (grands dieux ! pré-
servez les hommes pieux de ces cruels transports ; inspirez-les à
vos ennemis!) déchiraient leurs propres membres d'une dent for-
cenée.

Equus victor labitur,
infelix,
immemor studiorum
atque herbæ,
avertiturque fontes,
et ferit crebra terram pede;
aures demissæ;
sudor incertus
ibidem,
et ille quidem frigidus
morituris;
pellis aret,
et dura ad tactum
resistit tractanti.

Dant hæc signa
primis diebus
ante exitium.
Sin in processu
morbus
cœpit crudescere,
tum vero oculi ardentes,
atque spiritus
attractus ab alto,
interdum gravis gemitu,
tenduntque ima ilia
longo singultu;
sanguis ater it naribus,
et lingua aspera
premit fauces obsessas.
Profuit
infundere latices Lenæos
cornu inserto :
ea visa una salus
morientibus.
Mox hoc ipsum
erat exitio,
refectique
ardebant furiis,
ipsique,
jam sub morte ægra,
(Di
meliora
piis,
illumque errorem
hostibus!)
laniabant dentibus nudis
suos artus discissos.

Le cheval vainqueur tombe,
malheureux,
oublieux de *ses* goûts
et de l'herbe (du pâturage),
et se-détourne des sources (de l'eau),
et frappe fréquemment la terre de *son* pied;
ses oreilles *sont* baissées;
une sueur incertaine (capricieuse)
coule là-même (autour des oreilles),
et cette *sueur* à-la-vérité *est* froide
à *eux* devant mourir;
leur peau est-desséchée,
et dure au toucher
résiste à *celui*-qui-*la*-manie.

Ils donnent ces signes
les premiers jours
avant la mort.
Mais-si dans l'avancement (avec le temps)
la maladie
a commencé à devenir-plus-violente,
alors donc les yeux *sont* ardents,
et la respiration
tirée du fond *de la poitrine*,
souvent pesante par un gémissement,
et ils tendent le-bas-de *leurs* flancs
par un long sanglot;
un sang noir va (coule) de *leurs* narines,
et *leur* langue âpre
serre (étouffe) *leur* gosier assiégé (bouché).
Il a été-utile
de *leur* verser la liqueur de-Bacchus
avec une corne introduite :
cela parut *être* le seul salut *possible*
pour *eux* mourants.
Bientôt cela même
était à perte (causait leur perte),
et ranimés *par le vin*
ils étaient-ardents de fureurs,
et eux-mêmes,   [loureuse),
déjà sous (dans) une mort malade (dou-
(*que* les Dieux
donnent des choses meilleures
aux *hommes* pieux,
et cette démence
à *leurs* ennemis !)
déchiraient de *leurs* dents nues
leurs membres mis-en-pièces.

Ecce autem duro fumans sub vomere taurus   545
Concidit, et mixtum spumis vomit ore cruorem,
Extremosque ciet gemitus : it tristis arator,
Mœrentem abjungens fraterna morte juvencum,
Atque opere in medio defixa relinquit aratra.
Non umbræ altorum nemorum, non mollia possunt   520
Prata movere animum, non qui per saxa volutus
Purior electro campum petit amnis : at ima
Solvuntur latera, atque oculos stupor urget inertes,
Ad terramque fluit devexo pondere cervix.
Quid labor aut benefacta juvant? quid vomere terras   525
Invertisse graves? Atqui non Massica Bacchi
Munera, non illis epulæ nocuere repostæ ¹ :
Frondibus et victu pascuntur simplicis herbæ ;
Pocula sunt fontes liquidi, atque exercita cursu
Flumina; nec somnos abrumpit cura salubres.   530
   Tempore non alio dicunt regionibus illis
Quæsitas ad sacra boves Junonis, et uris
Imparibus ductos alta ad donaria currus.

Mais voilà que le taureau, fumant sous le joug, tombe tout à coup,
vomit des flots de sang mêlé d'écume et pousse un dernier gémissement. Le laboureur, dételant l'autre taureau affligé de la mort de
son frère, s'en va triste et laisse la charrue au milieu d'un sillon
commencé. L'ombre des forêts profondes, la douce verdure des prés,
l'onde qui, plus pure que le cristal, coule sur des cailloux et descend
dans la plaine, rien ne ranime l'animal languissant. Ses flancs se
creusent, une morne stupeur charge ses yeux, et sa tête affaissée se
penche vers la terre sous son propre poids. Que lui servent tant de
travaux et tant de bienfaits? Que lui revient-il d'avoir tant de fois
retourné sous le soc la glèbe pesante? Et pourtant ce n'est ni le
massique enivrant, ni les mets recherchés de nos tables qui ont porté
le poison dans ses veines : sa nourriture, c'est la feuille des arbres,
l'herbe des prés; sa boisson, l'eau transparente des fontaines ou
celle que le fleuve épure en courant, et jamais les noirs soucis n'ont
troublé son sommeil réparateur.
   On dit qu'en ce temps-là on chercha vainement dans ces tristes
contrées deux taureaux pareils pour conduire au temple de Junon
les offrandes sacrées, et que le char fut attelé de deux buffles iné-

Ecce autem taurus	Mais voilà-que le taureau
fumans sub vomere duro	fumant sous le soc dur *de la charrue*
concidit, et vomit ore	tombe, et vomit de *sa* bouche
cruorem mixtum spumis,	un sang mêlé d'écume,
cietque extremos gemitus :	et pousse les derniers gémissements :
arator it tristis,	le laboureur va (s'en revient) triste,
abjungens juvencum	détachant le jeune-taureau
mœrentem morte fraterna,	affligé de la mort de-*son*-frère,
atque in medio opere	et au-milieu-de *son* travail
relinquit aratra defixa.	laisse la charrue enfoncée *dans la terre.*
Non umbræ	Ni les ombrages
nemorum altorum,	des bois élevés,
non mollia prata	ni les douces prairies
possunt movere animum,	ne peuvent toucher *son* cœur,
non amnis	ni le ruisseau
qui volutus per saxa	qui roulé à-travers les pierres
purior electro	plus pur que l'électre
petit campum :	gagne (vient arroser) le champ :
at ima latera	mais le-bas-de *ses* flancs
solvuntur,	se-détend (se creuse),
atque stupor	et l'engourdissement
urget oculos inertes,	presse (pèse sur) *ses* yeux languissants,
cervixque fluit ad terram	et *son* cou penche vers la terre
pondere devexo.	avec un poids affaissé.
Quid labor	En quoi *son* travail
aut benefacta juvant ?	ou les services *rendus lui* servent-ils ?
quid invertisse vomere	que *lui sert d'*avoir retourné avec le soc
terras graves ?	les terres pesantes ?
Atqui non munera Bacchi	Et-pourtant ni les présents de Bacchus
Massica,	*produits* du-Massique,
non epulæ repostæ	ni les mets servis
nocuere illis :	n'ont nui à eux :
pascuntur frondibus	ils se-nourrissent de feuilles
et victu	et de l'aliment
herbæ simplicis ;	d'une herbe simple (naturelle);
pocula sunt fontes liquidi,	*leurs* boissons sont les sources limpides,
atque flumina	et les ruisseaux
exercita cursu ;	fatigués par la course (d'eau vive);
nec cura abrumpit	et le souci n'interrompt pas
somnos salubres.	*leur* sommeil salutaire.
Non alio tempore	Non dans un autre temps (alors)
dicunt boves	on dit des génisses
quæsitas	*avoir été* cherchées *en vain*
illis regionibus	dans ces contrées
ad sacra Junonis,	pour les *cérémonies* sacrées de Junon,
et currus ductos	et le char *avoir été* mené
ad donaria alta	au temple élevé

Ergo ægre rastris terram rimantur, et ipsis
Unguibus infodiunt fruges, montesque per altos   535
Contenta cervice trahunt stridentia plaustra.
   Non lupus insidias explorat ovilia circum,
Nec gregibus nocturnus obambulat; acrior illum
Cura domat : timidi damæ cervique fugaces
Nunc interque canes et circum tecta vagantur.   540
Jam maris immensi prolem et genus omne natantum
Littore in extremo, ceu naufraga corpora, fluctus
Proluit; insolitæ fugiunt in flumina phocæ.
Interit et curvis frustra defensa latebris
Vipera, et attoniti squamis adstantibus hydri.   545
Ipsis est aer avibus non æquus, et illæ
Præcipites alta vitam sub nube relinquunt.
   Præterea jam nec mutari pabula refert,
Quæsitæque nocent artes; cessere magistri
Phillyrides Chiron, Amythaoniusque Melampus.   550

gaux. On vit les hommes entr'ouvrir la terre avec le râteau, creu-
ser les sillons avec leurs ongles pour y enfouir les grains, et, sou-
mettant au joug leur cou tendu, traîner au haut des monts les
chariots grinçants.
   Le loup ne venait plus épier les bergeries, ni rôder, voleur noc-
turne, autour des troupeaux : un mal plus fort que la faim l'avait
dompté. Les daims timides, les cerfs fugitifs erraient pêle-mêle avec
les chiens, autour de la demeure des hommes. Déjà tous les mons-
tres de la mer immense, tout ce qui nage dans ses vastes abîmes,
rejeté par les flots, échoue sur les rivages, comme autant de corps
naufragés. Les phoques se réfugient dans les fleuves étonnés de les
voir dans leurs ondes; la vipère elle-même périt, mal protégée
par sa tortueuse et noire retraite; l'hydre dresse ses écailles et meurt
L'air n'épargne pas les oiseaux même : portant leur vol jusque dans
la nue, ils y laissent leur vie et tombent morts sur la terre.
   Et c'est en vain qu'on fait changer de pâturages aux troupeaux :
les remèdes essayés nuisent plutôt qu'ils ne servent, et la force du
mal triomphe de la science des maîtres, les Mélampes et les Chirons.
Échappée des gouffres ténébreux du Styx, la pâle Tisiphone déploie

uris imparibus.	par des buffles inégaux.
Ergo	En-conséquence *les hommes*
rimantur ægre terram	entr'ouvrent péniblement la terre
rastris,	avec des râteaux,
et infodiunt fruges	et enfouissent les grains
unguibus ipsis,	avec *leurs* ongles mêmes,
cerviceque contenta	et le cou tendu
trahunt per altos montes	ils traînent sur les hautes montagnes
plaustra stridentia.	les chariots qui-crient.
Lupus	Le loup
non explorat insidias	n'épie (n'essaye) pas d'embûches
circum ovilia,	autour des bergeries,
nec obambulat gregibus	et ne rôde-pas-autour des troupeaux
nocturnus;	nocturne (pendant la nuit);
cura acrior domat illum :	un soin plus vif dompte lui :
damæ timidi	les daims timides
cervique fugaces	et les cerfs fuyards
vagantur nunc	errent maintenant
interque canes	et parmi les chiens
et circum tecta.	et autour des habitations.
Jam fluctus proluit,	Déjà le flot baigne,
in extremo littore	*rejetée* sur l'extrémité du rivage
ceu corpora naufraga,	comme des corps naufragés,
prolem maris immensi	la race de la mer immense
et omne genus natantum ;	et toute l'espèce des *animaux* nageants,
phocæ	les phoques
insolitæ	non-accoutumés *à y être vus*
fugiunt in flumina.	fuient (se réfugient) dans les fleuves.
Et vipera interit	La vipère aussi périt
defensa frustra	défendue en-vain
latebris curvis,	par *ses* cachettes courbes (creuses),
et hydri attoniti,	et les serpents frappés-d'immobilité,
squamis adstantibus.	*leurs* écailles se-dressant.
Aer est non æquus	L'air est non favorable (est funeste)
avibus ipsis,	aux oiseaux eux-mêmes,
et illæ præcipites	et eux (les oiseaux) tombant
relinquunt vitam	laissent *leur* vie
sub nube alta.	sous la nue élevée.
Præterea	En-outre
nec refert jam	et il n'est plus utile déjà
pabula mutari,	les pâturages être changés,
artesque quæsitæ nocent ;	et les remèdes cherchés nuisent ;
magistri cessere	les maîtres (médecins) se-sont retirés
Chiron Phillyrides,	Chiron fils-de-Phillyra,
Melampusque	et Mélampe
Amythaonius.	fils-d'Amythaon.
Et pallida Tisiphone	Et la pâle Tisiphone

Sævit et in lucem Stygiis emissa tenebris
Pallida Tisiphone, Morbos agit ante Metumque,
Inque dies avidum surgens caput altius effert.
Balatu pecorum et crebris mugitibus amnes
Arentesque sonant ripæ, collesque supini.   555
Jamque catervatim dat stragem, atque aggerat ipsis
In stabulis turpi dilapsa cadavera tabo,
Donec humo tegere ac foveis abscondere discunt.
Nam neque erat coriis usus; nec viscera quisquam
Aut undis abolere potest, aut vincere flamma;   560
Nec tondere quidem morbo illuvieque peresa
Vellera, nec telas possunt attingere putres :
Verum etiam, invisos si quis tentarat amictus,
Ardentes papulæ, atque immundus olentia sudor
Membra sequebatur; nec longo deinde moranti   565
Tempore contactos sacer artus ignis ' edebat.

---

toutes ses fureurs à la pleine lumière des cieux, fait marcher devant
elle les Maladies et la Peur, et dresse une tête chaque jour plus dé-
vorante. Les rives desséchées des fleuves, les flancs arides des monts
répètent tristement les bêlements des brebis, les mugissements redoublés des taureaux. L'horrible Furie multiplie le carnage autour
d'elle, et entasse dans les étables les cadavres infects et livrés à une
affreuse décomposition, jusqu'à ce qu'on prenne enfin le soin de les
couvrir de terre et de les enfouir dans des fosses profondes. Car il
n'y avait aucun parti à tirer de leurs dépouilles : on ne pouvait les
purifier ni par l'eau ni par la flamme. On ne pouvait non plus ni toucher les brebis malades, ni enlever ces toisons infectées du venin de
la contagion. Malheur à qui osait se vêtir des tissus de ces laines
impures ! à l'instant son corps se couvrait de pustules enflammées,
une sueur infecte inondait ses membres, et bientôt il expirait, con-
umé par des feux invisibles.

emissa in lucem	envoyée à la lumière
tenebris Stygiis	des ténèbres du-Styx
sævit,	exerce-ses-fureurs,
agit ante	pousse devant *elle*
Morbos Metumque,	les Maladies et la Peur,
surgensque	et se-dressant
effert altius in dies	élève plus haut *de jour* en jour
caput avidum.	*sa* tête avide.
Amnes ripæque arentes,	Les fleuves et les rives desséchées,
collesque supini,	et les collines penchées,
sonant balatu pecorum	résonnent du bêlement des troupeaux
et mugitibus crebris.	et de *leurs* mugissements fréquents.
Jamque dat stragem	Et déjà elle donne (fait) du carnage
catervatim,	par-troupes,
atque aggerat	et entasse
in stabulis ipsis	dans les étables mêmes
cadavera dilapsa	des cadavres qui-se-décomposent
turpi tabo,	par une hideuse corruption,
donec discunt	jusqu'à ce qu'ils apprennent
tegere humo	à *les* couvrir de terre
ac abscondere foveis.	et à *les* cacher dans des fosses.
Nam neque erat usus	Car et il n'y avait pas d'usage *possible*
coriis:	pour les cuirs;
nec quisquam potest	et personne ne peut
aut abolere viscera undis,	ou purifier les entrailles par l'eau,
aut vincere flamma;	ou *les* vaincre (consumer) par la flamme,
nec possunt quidem	et ils ne peuvent pas même
tondere vellera	tondre les toisons
peresa morbo illuvieque,	rongées par la maladie et la saleté,
nec attingere	ni toucher
telas putres:	les laines pourries:
verum etiam,	mais même,
si quis tentarat	si quelqu'un avait essayé
amictus invisos,	*ces* vêtements odieux,
papulæ ardentes,	des pustules enflammées,
atque sudor immundus	et une sueur impure
sequebatur membra	suivait (se répandaient sur) *ses* membres
olentia;	qui-sentaient-mauvais;
nec moranti deinde	et à *lui* n'attendant pas ensuite
longo tempore	un long temps
ignis sacer edebat	le feu sacré rongeait
artus contactos.	*ses* membres touchés (attaqués).

NOTES.

Page 2 : 1. *Magna Pales.... pastor ab Amphryso.* Palès, déesse des pasteurs et des pâturages. Les Romains avaient institué en son honneur des fêtes appelées *Palilia.* — *Pastor ab Amphryso....* Apollon, qui avait autrefois conduit sur les bords du fleuve Amphryse, en Thessalie, les troupeaux d'Admète.

— 2. *Victorque virum volitare per ora.* Expression poétique qui est comme consacrée pour exprimer la célébrité. Ennius avait déjà dit: *Volito vivu' per ora virum.*

Page 4 : 1. *Vel scena ut versis discedat frontibus,* etc. Le théâtre ou plutôt la scène était mobile, soit qu'on veuille entendre par *discedat* un déplacement réel de la scène, comme on le vit au théâtre que fit construire Curion lorsqu'il célébra les funérailles de son père; soit que *discedat* s'entende seulement du changement des décorations. Plusieurs pensent que la scène était réellement mobile, et citent ce passage de Vitruve : *In singula (loca) tres sint species ornationis, quæque quum aut fabularum mutationes sunt futuræ, seu deorum adventus, cum tonitribus repentinis versentur, mutentque speciem ornationis in frontes.*

— 2. *Intexti tollant aulœa Britanni,* veut dire que les victoires remportées par Jules César sur les Bretons étaient représentées sur les tapisseries qui décoraient le théâtre; il semblait donc au spectateur, et le poëte peut dire, que des Bretons étaient chargés de déployer ces mêmes tapisseries où était figurée leur défaite.

— 3. *Gangaridum faciam, victorisque arma Quirini.* Les *Gangarides* étaient des peuples indiens qui habitaient le long du Gange. — *Quirini. Quirinus* était proprement le surnom de Romulus, mis au rang des dieux, et c'est par une flatterie poétique que Virgile le donne ici à Octave.

— 4. *Ac navali surgentes œre columnas.* Servius dit que des proues les navires égyptiens Auguste fit faire quatre colonnes.

— 5. *Niphaten.* Le mont *Niphate* (aujourd'hui *monts Nimrod*), chaîne de montagnes en Arménie. Le Tigre y prenait sa source. *Niphaten* est ici pour l'Arménie tout entière.

Page 6 : 1. .... *Vocat ingenti clamore Citheron,*
        Taygetique canes, domitrixque Epidaurus equorum.

Le mont *Cithéron*, en Béotie, était renommé pour ses bœufs ; le *Taygète*, mont de Laconie, près de Sparte, était célèbre par les chasses qu'on y faisait, et conséquemment par ses chiens. On faisait beaucoup de cas des chevaux d'*Épidaure*. Virgile loue aussi ceux de Mycènes, ainsi que ceux d'Épire, comme on le verra plus bas, vers 121 :

> *Et patriam Epirum referat, fortesque Mycenas.*

Page 12 : 1. Comparez les deux vers de Lucrèce, livre V, 29 et 1075 :

> *Hinc Diomedis equei spirantes naribus ignem....*
> *Et fremitum patulis sub naribus edit ad arma.*

— 2. *At duplex agitur per lumbos spina.* Ces mots *duplex spina* ne peuvent pas signifier *double épine,* car on ne voit pas comment un cheval pourrait avoir une double épine : il faut leur donner le sens de *doubles reins.* Dans le cheval tel que le veut Virgile, la main sent, en effet, comme une double épine. Écoutons Solleysel : « Un cheval doit avoir les reins doubles, qui est lorsqu'il les a un peu plus élevés aux deux côtés qu'au milieu du dos, et passant la main tout au long de l'épine, on la trouve large, bien fournie et double par le canal qui s'y fait. »

— 3. *Talis Amyclæi domitus Pollucis habenis Cyllarus.* Pollux était d'*Amyclée,* dans la Laconie. Suivant les poëtes et les mythologues, c'est Castor qui avait dompté *Cyllare,* et non Pollux, qui ne maniait que le ceste.

— 4. *Pernix Saturnus....* Surpris par Rhéa, sa femme, avec Phylira, fille de l'Océan, Saturne se transforma en cheval et prit la fuite. Il eut de Phylira le fameux centaure Chiron.

Page 16 : 1. *Uterque labor,* c'est-à-dire pour former un cheval d'attelage ou un cheval de selle.

— 2. *Pingui,* pour *pinguedine.*

— 3. *Dixere,* synonyme ici de *designavere,* comme dans Horace, *Odes,* II, VII, 27 : *Quem Venus arbitrum dicet bibendi ?*

Page 18 : 1. *Nimio ne luxu obtusior usus sit genitali arvo,* au lieu de *nimio ne luxu obtusius sit genitale arvum;* de même, livre II, 466, *usus olivi,* pour *olivum.* Toute cette métaphore, empruntée aux Grecs, a déjà été employée par Lucrèce.

— 2. *Sed rapiat sitiens Venerem.* Remarquez dans Horace, *Sat.,* I, III, 109, la même expression prise dans un sens tout différent :

> *Venerem incertam rapientes more ferarum.*

— 3. *Silari.... Alburnum.... œstron.* — *Silari,* aujourd'hui *Selo,* rivière d'Italie, qui coulait entre les Lucaniens et les Picentins, et dans laquelle se jetait le Tanagre. — Le mont *Alburne* était dans la Lucanie. — *OEstron.* Varron l'appelle *tabanus,* d'où est venu notre mot *taon.*

Page 20 : 1. *Inachiæ.... juvencæ.* Jupiter avait changé la nymphe Io,

70 NOTES.

fille d'Inachus, en génisse ; mais Junon implacable envoya contre
elle les taons, qui la firent courir jusqu'en Égypte, où elle recouvra
sa première forme. Elle épousa le roi Osiris, et fut ensuite adorée
sous le nom d'Isis.

Page 24 : 1. *Inscius œvi*, sans doute au lieu de *œvo inscio*, dans un
âge sans expérience. De même Valérius Flaccus, I, 771 :

. . . . *œvi rudis altera proles*,

pour *œvo rudi.*

Page 26 : 1. *Belgica....* *esseda. Essedum* était tantôt une voiture
pour le voyage, tantôt un char guerrier. Les Belges en imaginèrent
les premiers l'usage, de là *Belgica.*

Page 28 : 1. *Plagasque superbi victoris.* « Les coups que lui a portés
son superbe vainqueur. » De même Phèdre, III, ᴠɪɪɪ, 2 :

    Ut venatorum fugeret instantem necem.

— 2. *Dura jacet.... instrato saxa cubili.* Quelques interprètes en-
tendent, mais à tort, *instrato* comme s'il y avait *strato.* Ils invoquent
à l'appui de leur opinion un passage de Sophocle, *Antigone*, 1219 :
λιθόστρωτον νυμφεῖον.

— 3. *Irasci in cornua discit.* On peut comparer, *Énéide*, XII,
104 :

    *Mugitus veluti quum prima in prœlia taurus
    Terrificos ciet, atque irasci in cornua tentat.*

Et au livre X, 725 :

. . . . *Surgentem in cornua cervum.*

Euripide, *Bacchantes*, 742 :

    Ταῦροι.... κ' εἰς κέρας θυμούμενοι.

Page 32 : 1. *Quid juvenis....* Allusion à l'aventure de Léandre qui,
pour aller trouver Héro, son amante, traversait pendant la nuit, à la
nage, le détroit de l'Hellespont entre Abydos, en Asie, et Sestos, en
Europe. A la fin Léandre s'étant noyé, Héro se jeta de désespoir
dans la mer.

— 2. *Porta.... cœli*, mis pour l'expression simple *cœlum;* cette
métaphore se trouve déjà dans Homère et dans Ennius.

Page 36 : 1. *Castaliam. Castalie*, célèbre fontaine dans la Pho-
cide, au pied du mont Parnasse. Elle était consacrée aux Muses,
qui, pour cela, étaient surnommées *Castalides.*

— 2. *Aquarius*, le Verseau. Les Romains commençant l'année
par le mois de mars, le Verseau est le signe de février, *extremo
anno.*

— 3. *Milesia.* De Milet. Cette ville, sur les confins de l'Ionie et de
la Carie, était célèbre par l'abondance des laines qu'on y teignait en
pourpre.

Page 38 : 1. *Quam magis*, poétique pour *quo magis*. Comparez *Énéide*, VII, 788.

— 2. *Cinyphii tondent hirci*. Du bouc du *Cinyps*. Il se prend pour les boucs en général. Il y avait un fleuve du nom de Cinyps (aujourd'hui l'*Oued-Quaham*) dans l'Afrique propre. Sur les bords du Cinyps, comme en Cilicie, on tondait les chèvres; elles y étaient fort chargées de poils.

Page 40 : 1. *Quarta cœli hora*. Nous avons déjà vu, *Géorg.*, I, 395, *cœli menses*, et nous trouverons encore, *Géorg.*, IV, 100, *cœli tempore*. — *Collegerit sitim*. Comparez Horace, *Odes*, IV, XII, 13 :

> *Adduxere sitim tempora, Virgili.*

— 2. *Sacra nemus accubet umbra*, comme plus haut, 145, *saxea procubet umbra*.

— 3. *Mapalia*. Des cabanes : *mapalia* ou *magalia*, dérive, suivant Servius, du phénicien *magar*, en grec μέγαρα. *Magalia* se lit encore, *Énéide*, I, 421, et IV, 159.

Page 42 : 1. *Non secus ac patriis acer Romanus in armis*, etc. Végèce dit que le fardeau que les soldats romains portaient ordinairement dans leur marche, était de soixante livres. Cicéron dit : *Qui labor, quantus agminis? Ferre plus dimidiati mensis cibaria, ferre si quid ad usum velint, ferre vallum. Nam scutum, gladium, in onere nostri milites non plus numerant quam humeros, lacertos, manus.*

Page 44 : 1. Comparez *Énéide*, XII, 750 :

> *Cervum puniceæ septum formidine pennæ.*

Page 46 : 1. *Et pocula læti*, etc. Il s'agit de quelque liqueur semblable à la bière, au cidre, au poiré; peut-être cependant était-elle plus forte, car on sait le goût des peuples sauvages et septentrionaux pour les boissons qui piquent vivement le palais.

Page 50 : 1. *Galbaneoque*, etc. Le *galbanum* est une espèce de gomme ou de suc tiré d'une plante appelée *ferula*. Son odeur, suivant Pline et Dioscoride, chasse les serpents et toutes les bêtes venimeuses.

— 2. *Calabris in saltibus anguis*. Le serpent dont parle ici Virgile s'appelle *Chersydra*. Il y en a beaucoup dans la Calabre, autrefois Lucanie.

Page 52 : 1. *Positis novus exuviis nitidusque juventa*, ... *arduus ad solem, et linguis micat ore trisulcis*. Toutes ces expressions se retrouvent, *Énéide*, livre II, vers 475.

Page 54 : 1. *Bisaltæ quo more solent, acerque Gelonus*, etc. Les *Bisaltes* étaient un peuple de la Macédoine. Les *Gélons* étaient, suivant les uns, dans la Thrace, suivant les autres, dans la Scythie. Les *Gètes* habitaient les bords du Pont-Euxin ou la Gothie.

Page 56 : 1. *Æstiva*, les parcs d'été mis pour les troupeaux qui y sont parqués; de même, au vers 64, *pecuaria*.

— 2. *Tum sciat, aerias Alpes et Norica si quis*
   Castella in tumulis, et Iapidis arva Timavi...

Le *Norique*, que représente aujourd'hui une partie de la Ba-
vière, de l'Autriche et de la Styrie, était borné au nord par le
Danube, et au sud par l'Illyrie. Il était, de ce dernier côté surtout, hérissé de montagnes dites Alpes Noriques. — Les *Iapides*
ou *Iapodes* habitaient la partie de la Liburnie qui confine à l'Istrie,
et occupaient les deux côtés du mont Albius, qui est la suite des
Alpes Carniques. Virgile parle du *Timave* comme appartenant au
pays des *Iapides* : il coulait dans le voisinage ; c'est une rivière du
Frioul qui se jette dans l'Adriatique.

— 3. *Hic quondam morbo, etc.* Voyez dans Lucrèce, liv. VI, la
belle description qu'il fait d'une peste qui ravagea l'Attique. Thu-
cydide l'avait décrite avant lui, et le poëte a souvent copié l'histo-
rien mot à mot.

Page 58 : 1. *Adduxerat* a ici le sens de *contraxerat*. De même
Ovide : *Adducta macie cutis.*

— 2. . . . . *Et quatit ægros*
   Tussis anhela sues, ac faucibus angit obesis.

Les porcs sont sujets à l'esquinancie. *Angit* ajoute beaucoup à
la vérité de l'expression, car cette maladie se nomme en latin *an-
gina* : nous employons aussi en français, et le plus souvent comme
terme générique des maladies de la gorge, le mot *angine*.

Page 60 : 1. On a fait à tort un reproche au poëte, et à l'esprit
du paganisme en général, de cette imprécation que l'on dit être
prononcée par Virgile contre les ennemis de Rome. *Hostibus* doit
s'entendre par opposition à *piis* ; ce sont les ennemis des dieux, et
non les ennemis des Romains.

Page 62 : 1. Il faut expliquer *repostæ* comme s'il y avait sim-
plement *positæ*. De même, livre IV, 378 : *et plena reponunt pocula.*

Page 66 : 1. *Sacer ... ignis*, feu sacré : c'est le nom de la maladie
contagieuse dont il s'agit ici. On l'appelle vulgairement *le feu Saint-
Antoine*, parce que, dans le XIᵉ siècle, l'ordre religieux et hospita-
lier de Saint-Antoine fut institué pour soulager ceux qui étaient at-
teints de la maladie du *feu sacré*, alors fort commune en France.

LIBRAIRIE DE L. HACHETTE ET Cie, A PARIS,

RUE PIERRE-SARRAZIN, N° 14

(Près de l'École de médecine).

OUVRAGES A L'USAGE DES ASPIRANTS

AU

BACCALAURÉAT ÈS LETTRES.

Règlement et programmes du baccalauréat ès lettres, arrêtés par le Ministre de l'instruction publique, le 3 août 1857. Brochure in-12.   15:.

Nouveau manuel du baccalauréat ès lettres, conforme au programme du 3 août 1857, publié par MM. Jourdain, Duruy, Cortambert et Saigey. 1 très-fort volume in-12. Prix, broché.   8 fr.

     Cartonné en percaline gaufrée.   8 fr. 50 c.

     Les parties suivantes de ce Manuel se vendent séparément :

1° NOTICES HISTORIQUES ET LITTÉRAIRES SUR LES AUTEURS ET LES OUVRAGES GRECS, LATINS ET FRANÇAIS, indiqués pour l'explication orale, avec un résumé des règlements relatifs à l'examen du baccalauréat ès lettres et des conseils sur les différentes épreuves. Broché. 1 fr. 50 c.

2° RÉSUMÉ DES HISTOIRES ANCIENNE, DU MOYEN AGE ET DES TEMPS MODERNES, par M. Duruy, prof. d'histoire au lycée Napoléon.   3 fr.

3° RÉSUMÉ DE GÉOGRAPHIE PHYSIQUE ET POLITIQUE, par M. Cortambert, professeur de géographie. Broché.   2 fr.

4° ÉLÉMENTS D'ARITHMÉTIQUE, DE GÉOMÉTRIE ET DE PHYSIQUE, par M. Saigey. Broché.   1 fr. 25 c.

Modèles de composition française, comprenant des lettres, des dialogues, des descriptions, des portraits, des narrations, des discours, des lieux communs ou dissertations, avec des arguments, des notes et des préceptes sur chaque genre de composition; par M. Chassang, professeur de rhétorique, docteur ès lettres. 1 vol. in-12, cartonné.   2 fr.

Modèles de composition latine, comprenant des exercices préparatoires, des fables, des lettres, des dialogues, des descriptions, des portraits et des lieux communs ou des dissertations, avec des arguments, des notes et des préceptes sur chaque genre de composition, par le même auteur. 1 vol. in-12, cart.   2 fr.

LE MÊME OUVRAGE, suivi de la *traduction française.*   5 fr.

Recueil de versions latines dictées à la Sorbonne, et publiées par M. Delestrée. 2 vol. in-12, textes et traductions, br.   2 fr.

AUTEURS GRECS.

TEXTES.

Démosthène : *Les trois Olynthiennes,* publiées avec des notes en français; par M. Materne, censeur du lycée Saint-Louis. In-12, br.   45 c.

— *Les quatre Philippiques,* publiées avec des notes en français; par M. Materne. In-12, cart.   70 c.

— *Discours pour Ctésiphon ou sur la Couronne,* publié avec des notes en français; par M. Sommer. 1 vol. in-12, cartonné.   1 fr. 10 c.

Plutarque : éditions annotées par les auteurs dont les noms sont indiqués entre parenthèses. In-12, cartonné :

Vie d'Alexandre (Bétolaud).	90 c.	*Vie de Pompée* (Druon).	1 fr.
Vie de César (Materne).	90 c.	*Vie de Solon* (Deltour).	1 fr.
Vie de Cicéron (Talbot).	90 c.		
Vie de Démosthène (Sommer). 90 c.		*Vie de Sylla* (Regnier).	90 c.
Vie de Marius (Regnier).	90 c.	*Vie de Thémistocle* (Sommer).90 c.	

Choix de discours tirés des Pères grecs, par L. de Sinner, comprenant : 1° *Saint Basile :* De la lecture des auteurs profanes; Observetoi toi-même; Contre les usuriers. — 2° *Saint Grégoire de Nysse :* Contre les usuriers; Éloge funèbre de saint Mélèce. — 3° *Saint Grégoire de Nazianze :* Éloge funèbre de Césaire; Homélie sur les Machabées. — 4° *Saint Jean Chrysostome :* Homélie sur le retour de l'évêque Flavien; Homélie en faveur d'Eutrope. Ouvrage autorisé par le Conseil de l'instruction publique. Nouvelle édition, publiée avec des arguments et des notes en français; par M. Sommer, agrégé des classes supérieures, docteur ès lettres. 1 vol. in-12. Prix, cart.   1 fr. 50 c.

Homère : *L'Iliade,* avec un choix de notes; par M. Quicherat. Édition autorisée par le Conseil de l'instruction publique. 1 fort vol. in-12, cartonné.   3 fr.

LE MÊME OUVRAGE divisé en six parties contenant chacune quatre chants. Prix de chaque partie cartonnée.   65 c.

— *L'Odyssée,* publiée avec des notes en français; par M. Sommer. 1 fort volume in-12. Prix, cart.   3 fr.

LE MÊME OUVRAGE, divisé en six parties contenant chacune quatre chants. Prix de chaque partie cartonnée.   75 c.

Sophocle : éditions annotées par les auteurs dont les noms sont indiqués entre parenthèses. In-12, cartonné :

Ajax (Quicherat).	1 fr.	*OEdipe roi* (Delzons).	1 fr.
Antigone (de Sinner).	90 c.		
Électre (de Sinner).	1 fr.	*Philoctète* (de Sinner).	1 fr.
OEdipe à Colone (de Sinner). 90 c.		*Trachiniennes* (de Sinner).	1 fr.

TRADUCTIONS.

Les auteurs grecs expliqués d'après une méthode nouvelle par deux traductions françaises, l'une littérale et *juxtalinéaire*, présentant le mot-à-mot français en regard des mots grecs correspondants, l'autre correcte et précédée du texte grec, avec des sommaires et des notes en français; par une société de professeurs et d'hellénistes. Format in-12, broché :

DÉMOSTHÈNE : *Les trois Olynthiennes,* par M. C. Leprévost.   1 fr. 50 c.
— *Les quatre Philippiques,* par MM. Lemoine et Sommer.   2 fr.
— *Discours pour Ctésiphon ou sur la Couronne,* par M. Sommer, 3 fr. 50

PLUTARQUE; traductions par les auteurs dont les noms sont indiqués entre parenthèses :

Vie d'Alexandre (Bétolaud).	3 fr.	*Vie de Marius* (Sommer).	3 fr.
Vie de César (Materne).	2 fr.		
Vie de Cicéron (Sommer).	3 fr.	*Vie de Pompée* (Druon).	5 fr.
Vie de Démosthène (Sommer). 2 f. 50		*Vie de Sylla* (Sommer).	3 fr. 50 c.

CHOIX DE DISCOURS TIRÉS DES PÈRES GRECS, par M. Sommer.   7 fr. 50 c.
Les neuf discours que comprend ce choix se vendent séparément.

HOMÈRE : *L'Iliade,* par M. C. Leprévost. 6 volumes.   20 fr.
    Chaque volume contenant quatre chants.   3 fr. 50 c.
    Chaque chant séparément.   1 fr.

L'Odyssée, par M. Sommer. 6 volumes.   24 f.
    Chaque volume contenant quatre chants.   4 f.

SOPHOCLE; traductions par MM. Benloew et Bellaguet :

Ajax.	2 fr. 50 c.	*OEdipe roi.*	1 fr. 50 c.
Antigone.	2 fr. 25 c.	*Philoctète.*	2 fr. 50 c.
Électre.	3 fr.		
OEdipe à Colone.	2 fr.	*Les Trachiniennes.*	2 fr. 50 c.

AUTEURS LATINS.

TEXTES.

Cicéron : *In Catilinam* orationes quatuor. Édition publiée avec des notes en français; par M. Sommer. In-12, br.   40 c.

—*In Verrem oratio de Signis.* Édition publiée avec des notes en français; par M. J. Thibault. In-12, br.   40 c.

—*In Verrem oratio de Suppliciis.* Édition publiée avec des notes en français; par M. O. Dupont. In-12, br.   40 c.

—*De Amicitia dialogus.* Édition publiée avec des notes en français; par M. Legouëz, professeur au lycée Bonaparte. In-12, broché.   25 c.

—*De Senectute dialogus.* Édition publiée avec des notes en français; par M. Paret, professeur au collège Rollin. In-12.   25 c.

—*Somnium Scipionis.* Edidit L. Quicherat. In-12, br.   20 c.

Cæsar : *Commentarii de bello gallico et civili.* Selectas aliorum suasque notas adjecit Ad. Regnier. 1 vol. in-12, cart.   1 fr. 50 c.

Sallustius : *Conjuratio Catilinæ, Jugurtha, et selecta ex fragmentis loca.* Édition publiée avec des notes en français; par M. Croiset, professeur au lycée Saint-Louis. In-12, cart.   90 c.

Tacitus : *Annalium libri XVI,* juxta accuratissimam Burnouf editionem, cum notulis. In-12, cart.   1 fr. 50 c.

Virgilius Maro : *Opera.* Édition publiée avec des arguments et des notes en français; par M. Sommer. 1 vol. in-12, cart.   2 fr.

Horatius Flaccus : *Opera.* Nouvelle édition publiée avec des arguments et des notes en français, et précédée d'un précis sur les mètres employés par Horace; par M. Sommer. 1 vol. in-12, cart.   1 fr. 80 c.

TRADUCTIONS.

Les auteurs latins expliqués d'après une méthode nouvelle par deux traductions françaises, l'une littérale et *juxtalinéaire,* représentant le mot-à-mot français en regard des mots latins correspondants, l'autre correcte et précédée du texte latin, avec des sommaires et des notes en français; par une société de professeurs et de latinistes. Format in-12, broché :

CICÉRON : *Les Catilinaires;* par M. J. Thibault.   2 fr.

— *Discours contre Verrès sur les statues;* par M. J. Thibault.   3 fr.

— *Discours contre Verrès sur les Supplices;* par M. O. Dupont.   3 fr.

— *Dialogue sur l'Amitié;* par M. Legouëz.   1 fr. 25 c.

— *Dialogue sur la Vieillesse;* par MM. Paret et Legouëz.   1 fr. 25 c.

— *Songe de Scipion;* par M. Pottin.   50 c.

CÉSAR : *Guerre des Gaules,* par M. Sommer. 2 volumes.   9 fr.
    Livres I, II, III et IV. 1 vol. 4 fr.   Livres V, VI et VII. 1 vol. 5 fr.

SALLUSTE : *Catilina;* par M. Croiset.   1 fr. 50 c.

—*Jugurtha;* par le même.   3 fr. 50 c.

Tacite : *Annales*, par M. Materne, censeur du lycée Saint-Louis. 4 volumes. Prix. 18 fr.

Livres I, II et III. 6 fr. Livres XI, XII et XIII. 1 vol. 4 fr.

Livres IV, V et VI. 1 vol. 4 fr. Livres XIV, XV et XVI. 1 vol. 4 fr.

Virgile : *Églogues* ou *Bucoliques ;* par MM. Sommer et Desportes. 1 fr.

— *L'Énéide ;* par les mêmes auteurs. 4 volumes. 16 fr.

Chaque volume contenant trois livres. 4 fr.

Chaque livre séparément. 1 fr. 50 c.

—*Les Géorgiques* (les quatre livres); par les mêmes auteurs. 1 vol. 2 fr.

Horace : *Art poétique ;* par M. E. Taillefert. 75 c.

—*Épîtres ;* par le même auteur. 2 fr.

—*Odes* et *Épodes ;* par MM. Sommer et A. Desportes. 2 vol. 4 fr. 50 c.

Le Ier et le IIe livre des Odes, séparément. 2 fr.

Le IIIe et le IVe livre des Odes, et les Épodes, séparément. 2 fr. 50 c.

—*Satires ;* par les mêmes auteurs. 1 vol. 2 fr.

AUTEURS FRANÇAIS.

Bossuet : *Discours sur l'histoire universelle.* Édition revue et publiée par M. Olleris, doyen de la Faculté des lettres de Clermont-Ferrant. 1 vol. in-12, cart. 2 fr.

Fénelon : *Dialogues sur l'éloquence* en général, et sur celle de la chaire en particulier, précédés des *Opuscules académiques* du même auteur, contenant le Discours de réception à l'Académie française, le Mémoire sur les occupations de l'Académie, et la Lettre à l'Académie sur l'éloquence, la poésie, l'histoire. Nouvelle édition classique, revue et annotée par M. Delzons, professeur au lycée de Rouen. 1 vol. in-12, cart. 1 fr. 25 c.

Massillon : *Petit Carême*, suivi de plusieurs sermons du même auteur. Édition publiée avec une introduction et des notes ; par M. Colincamp, professeur à la Faculté des lettres de Douai. 1 v. in-12, cart. 1 fr. 50 c.

Montesquieu : *Considérations sur les causes de la grandeur des Romains et de leur décadence.* Édition publiée avec des notes, par M. C. Aubert, professeur au lycée Louis-le-Grand. 1 volume in-12. Prix, cart. 1 fr. 25 c.

Voltaire : *Histoire de Charles XII.* Édition publiée avec une carte de l'Europe centrale et des notes, par M. Brochard-Dauteuille, agrégé d'histoire. 1 volume in-12, cart. 1 fr. 50 c.

— *Siècle de Louis XIV.* Nouvelle édition conforme au texte approuvé par le Conseil de l'instruction publique. 1 vol. in-18, cartonné. 1 fr. 50 c.

Théâtre classique, contenant : *Le Cid, Cinna, Horace, Polyeucte,* de Corneille ; *Britannicus, Esther, Athalie,* de Racine ; *Mérope,* de Voltaire ; et le *Misanthrope,* de Molière, et publié avec les préfaces des auteurs, les variantes, les principales imitations et un choix de notes, par M. Ad. Regnier. 1 vol. in-12, cartonné. 2 fr. 50 c.

Boileau-Despréaux : *OEuvres poétiques.* Édition publiée avec une notice et des notes ; par M. Geruzez, agrégé de la Faculté des lettres de Paris. 1 vol. in-12, cart. 1 fr. 75 c.

La Fontaine : *Fables.* Édition publiée avec une notice et des notes, par M. Geruzez. 1 vol. in-12, cart. 1 fr. 50 c.

Ch. Lahure et Cie, imprimeurs du Sénat et de la Cour de Cassation rue de Vaugirard, 9, près de l'Odéon.

LIBRAIRIE DE L. HACHETTE ET Cie.

TRADUCTIONS JUXTALINÉAIRES

DES

PRINCIPAUX AUTEURS CLASSIQUES LATINS.

FORMAT IN-12.

*Cette collection comprendra les principaux auteurs
qu'on explique dans les classes.*

EN VENTE LE 1er JANVIER 1859 :

CESAR : Guerre des Gaules. 2 vol. 9 fr.
  Livres I, II, III et IV réunis.. 4 fr.
  Livres V, VI et VII réunis.... 5 fr.
CICERON : Catilinaires (les)... 2 fr.
  La 1re Catilinaire séparément. 50 c.
— Dialogue sur l'Amitié... 1 fr. 25 c.
— Dialogue sur la Vieillesse. 1 fr. 25 c.
— Discours pour la loi Manilia. 1 fr. 50
— Discours pour Ligarius...... 75 c.
— Discours pour Marcellus.... 75 c.
— Discours contre Verrès sur les Statues.................. 3 fr.
— Discours contre Verrès sur les Supplices.................. 3 fr.
— Plaidoyer pour Archias..... 90 c.
— Plaidoyer pour Milon... 1 fr. 50 c.
— Plaidoyer pour Muréna. 2 fr. 50 c.
— Songe de Scipion.......... 50 c.
CORNELIUS NEPOS : Les Vies des grands capitaines.......... 5 fr.
HORACE : Art poétique.. .... 75 c.
— Épîtres.................. 2 fr.
— Odes et Épodes. 2 vol.. 4 fr. 50 c.
  On vend séparément :
Le 1er et le IIe livre des Odes..... 2 fr.
Le IIIe et le IVe livre des Odes et les Épodes................. 2 fr. 50 c.

HORACE : Satires............ 2 fr.
LHOMOND : Epitome historiæ sacræ.
  Prix................... 3 fr.
PHÈDRE : Fables............ 2 fr.
SALLUSTE : Catilina.... 1 fr. 50 c.
— Jugurtha............. 3 fr. 50 c.
TACITE : Annales. 4 volumes. 18 fr.
  Livres I, II et III réunis...... 6 fr.
  Le Ier livre séparément. 2 fr. 50 c.
  Livres IV, V et VI réunis..... 4 fr.
  Livres XI, XII et XIII réunis.. 4 fr.
  Livres XIV, XV et XVI réunis. 4 fr.
— Germanie (la)............ 1 fr.
— Vie d'Agricola........ 1 fr. 75 c.
TÉRENCE : Adelphes........ 2 fr.
— Andrienne........... 2 fr. 50 c.
VIRGILE : Églogues......... 1 fr.
  La 1re Églogue, séparément.. 30 c.
— Énéide. 4 volumes......... 16 fr.
  Livres I, II et III réunis...... 4 fr.
  Livres IV, V et VI réunis..... 4 fr.
  Livres VII, VIII et IX réunis.. 4 fr.
  Livres X, XI et XII réunis.... 4 fr.
  Chaque livre séparément... 60 c.
— Géorgiques (les quatre livres) 2 fr.
  Chaque livre séparément... 60 c

À la même Librairie :

TRADUCTIONS JUXTALINÉAIRES

DES PRINCIPAUX AUTEURS GRECS,

à l'usage

des classes et des aspirants au baccalauréat ès lettres.

Ch. Lahure et Cie, imprimeurs du Sénat et de la Cour de Cassation
(ancienne maison Crapelet), rue de Vaugirard, 9.